Dr PAUL DUBOIS

L'EDUCATION DE SOI-MÊME

TROISIÈME ÉDITION

MASSON ET Cie, ÉDITEURS
LIBRAIRES DE L'ACADÉMIE DE MÉDECINE
120, BOULEVARD SAINT-GERMAIN, PARIS

L'ÉDUCATION

DE

SOI-MÊME

OUVRAGES DU MÊME AUTEUR

Influence de l'esprit sur le corps. 8e *édition. A. Francke, Berne,* 1907. 1 fr. 25

Les Psychonévroses et leur traitement moral. *Leçons faites à l'Université de Berne,* par le Dr Dubois, professeur de neuropathologie, avec une préface du Pr Déjerine. 1 vol. in-8o. 3e édition. Masson et Cie, Paris. . . . . 8 francs.

Dr PAUL DUBOIS

L'ÉDUCATION DE SOI-MÊME

TROISIÈME ÉDITION

MASSON ET Cie, ÉDITEURS
LIBRAIRES DE L'ACADÉMIE DE MÉDECINE
120, BOULEVARD SAINT-GERMAIN, PARIS

1909

VA, PETIT LIVRE, ET CHOISIS TON MONDE.

AUX ADVERSAIRES, RESPECT ;

AUX INDIFFÉRENTS, PITIÉ ;

AUX FRÈRES D'ARMES, SALUT.

(Imité de TÖPFFER.)

INTRODUCTION

L'homme est le seul animal qui ne sache pas vivre, me disais-je un jour après avoir écouté les doléances de mes malades. Ce n'était pas leur souffrance qui me suggérait cette définition irrévérencieuse, — l'ironie eût été odieuse, — c'était la constatation fréquente qu'ils étaient les propres artisans de leur malheur, [illegible] pas toujours eux seuls, mais eux, leurs proches et leurs semblables.

Loin de moi la pensée de faire un reproche à ceux qui souffrent ; de quel droit nous ferions-nous les justiciers des autres ? Mais, en envisageant les circonstances où se trouvaient ces pauvres gens, j'ai souvent dû me dire : Tout cela aurait pu ne pas être et ne devrait plus être.

Un confrère auquel je soumettais ces réflexions, banales à force d'être vraies et vieilles, abonda dans mon sens, mais insinua aussitôt que ma boutade ne s'adressait qu'aux névrosés de tout genre qui, depuis la découverte de la « neurasthénie », encombrent le cabinet du médecin. Il y avait une nuance de dédain dans le sourire de mon interlocuteur, fort d'une belle santé physique et trop confiant, peut-être, dans l'intégrité de sa mentalité.

Eh bien, non, ma définition ne s'adresse pas seulement aux malades ; elle s'applique à tout le monde : à nous, médecins, comme à nos clients, aux éducateurs de tout acabit aussi bien qu'à leurs élèves. Quand on envisage la vie mentale, il n'est plus permis de diviser l'humanité en deux classes : celle des malades et celle des gens bien portants. La neurasthénie, dont on parle tant aujourd'hui, n'est pas une maladie qui nous frappe comme le rhumatisme ou la tuberculose ; c'est l'humaine faiblesse psychique que nous devons à nos tares natives, héréditaires, à notre éducation mal dirigée, aux influences nocives qui agissent sur nous pendant tout notre développement physique et mental. Elle n'est pas faiblesse de « nerfs », comme l'indique à tort le mot de neurasthénie, elle est avant tout débilité mentale ; c'est « psychasthénie » qu'il faudrait dire.

Quand les influences héréditaires, constitutionnelles, semblent prédominer, la débilité passe pour maladive ; elle apparaît comme physique dans son essence, car elle se traduit par des malformations corporelles, par des troubles fonctionnels, par des tares intellectuelles, qui font prévoir les défaillances morales. C'est au médecin qu'on adresse ces déshérités, ces dégénérés, dont on n'a pitié que quand leur souffrance est à son comble.

Ils sont plus près de nous que vous ne pensez, vous, juges sévères, qui vous rengorgez dans le sentiment de votre équilibre mental; souvenez-vous qu'il n'y a pas de grand homme pour son médecin ou son valet de chambre, pour tous ceux qui surprennent sa vie intime. Nous avons tous quelque tare que nous devons à l'hérédité.

L'éducation, elle aussi, joue un rôle immense dans la formation de ces mentalités pathologiques. C'est elle qui fausse le jugement de ceux qui se disent normaux et croient pouvoir jeter un regard de dédaigneuse pitié sur leurs frères moins bien partagés.

Il y a, au Musée Carnavalet à Paris, un autographe d'Alexandre Dumas fils qui vaut un traité de philosophie ; on y lit : « Comment se fait-il, les enfants étant si intelligents, que les hommes soient si bêtes ? » Et le spirituel écrivain ajoute : « Cela doit tenir à l'éducation. »

Eh oui, c'est elle la grande coupable ; il n'y a pas d'autre hypothèse possible. C'est bien aux influences éducatives diverses, dans le sens le plus étendu du mot, à l'action du milieu ambiant, qu'il faut attribuer cette déformation graduelle que nous subissons si souvent.

Elle n'est pas due à une simple poussée naturelle de bestialité, comme celle qui rend moins doux et plus rebelles à l'éducation les animaux adultes, — quoique nous n'échappions pas à ces sourdes impulsions charnelles, — c'est un abêtissement contingent, variable, dû à la contagion morale et intellectuelle agissant sur des sujets diversement prédisposés par l'hérédité et l'éducation antérieure.

C'est qu'on n'apprend pas à penser. L'école nous bourre, avec un zèle toujours croissant, de connaissances dont nous ne pouvons utiliser que la moindre partie ; elle surcharge notre mémoire et n'affine notre intelligence que dans le sens d'une logique terre à terre qui doit, pense-t-on, nous servir d'arme dans la lutte pour la vie. Elle ne forme pas notre jugement, cette culture en serre chaude ; elle le trouble, au contraire, en nous donnant à ruminer des opinions toutes faites, sans nous apprendre à apprécier leur justesse.

Si l'on considère le travail de réflexion logique dans son apparente spontanéité, on peut le comparer à un jeu qui consisterait à former un cercle complet, régulier, en mettant bout à bout des dominos ayant le même chiffre. Ce travail n'est possible qu'à condition que la table soit libre ou que les pièces déjà placées par la main des autres soient bien tournées.

Or, dès les premières années de notre existence, on

met dans notre jeu des dominos fixes, dans un ordre apparent qui n'est souvent que désordre. Quoi d'étonnant si nous ne réussissons pas à former le cercle, à penser logiquement !

Ces pièces fixes qui rendent le travail de la pensée si difficile, ce sont les idées préconçues, les dogmatismes de toute espèce, les idées arrêtées, figées dans un mot, que nous imposent ceux qui vivent avec nous : nos parents si bien intentionnés, mais souvent maladroits, les amis que nous avons mal choisis, la classe sociale dans laquelle nous vivons, tout ce monde dont nous subissons, à notre insu le plus souvent, la contagion. Moutons de Panurge, nous faisons ce qui se fait autour de nous, fût-ce vain ou même mal ; nous respectons les traditions dans tous les domaines, sans les soumettre un instant à la critique de la raison. Il paraît que c'est très fatigant de penser.

Celui qui, tous les jours, est appelé à s'entretenir avec des malades de l'esprit, avec leurs parents soi-disant sains, éprouve de douloureux étonnements en voyant combien les mentalités sont faussées chez des individus très fiers de leur intelligence, dans toutes les classes sociales, et peut-être plus encore dans celles qui s'appellent dirigeantes.

Je n'entends nullement parler ici des difficultés de l'heure présente, de ces crises politiques, religieuses et sociales dont chaque génération s'exagère l'importance, comme si c'était d'aujourd'hui que le monde marche mal. Non, la débilité du jugement a toujours existé, depuis que le monde est monde, et cette constatation justifie le mot de Georges Eliot : « Nous sommes nés dans un état de stupidité morale. »

Or c'est précisément du jugement qu'il nous faudrait dans la vie, une vision claire des choses, nous faisant prévoir les conséquences prochaines et lointaines de nos actes. Nous avons souvent cette prévoyance quand il s'agit de la protection de nos intérêts matériels ; quelle habileté ne déployons-nous pas dans la poursuite de ces biens, dans notre arrivisme ! Mais nous perdons cette promptitude et cette sûreté de jugement dès qu'il s'agit de notre vie morale, de notre conduite.

De joyeux étudiants, que j'aime à recevoir chez moi, revenaient un jour de la campagne et me racontaient avec un enthousiasme juvénile le plaisir qu'ils avaient eu. L'un d'eux sourit, comme s'il avait *in petto* quelque bonne histoire à raconter, et narra en ces termes l'aventure de la journée : « Dans la forêt, nous arrivâmes à un étang au milieu duquel était une petite île. — Je parie que tu ne franchis pas ce fossé, me dit un de mes malicieux camarades ; et les autres de me piquer au jeu avec un empressement qui aurait dû me paraître suspect. — Sûr de mon fait, j'accepte le défi ; je m'élance bravement, j'arrive au beau milieu de l'île, et je tourne vers mes amis un regard triomphant. A mon grand étonnement, je les vois se tordre de rire et, quand je leur demande le motif de leur hilarité : — Reviens donc ! s'écrient-ils en chœur. — Je n'avais pas vu que l'îlot était trop petit pour me permettre de prendre de l'élan, et je fus obligé de patauger pour revenir en arrière. »

N'est-ce pas là l'image de la vie, de la conduite irréfléchie que nous avons si souvent ? Nous nous lançons dans les aventures, entraînés par le plaisir, par l'amour-propre, par nos passions, en un mot, et nous ne voyons pas que, si nous pouvons revenir, ce ne sera qu'en nous crottant,

Et tandis que notre étudiant, ses camarades et tous ceux qui auront ouï cette histoire y regarderont à deux fois avant de franchir un fossé, nous, au contraire, nous ne profitons souvent, dans la vie morale, ni de l'expérience personnelle, ni de celle des autres ; il semble que nous prenions plaisir à nous embourber dans la vase.

Chat échaudé craint l'eau froide, répète-t-on sentencieusement. L'homme ne semble pas avoir autant de logique que le chat ou, du moins, s'il l'a en théorie, il ne la met guère en pratique. Lui seul, malgré son évidente supériorité intellectuelle, s'égare, retombe dans les mêmes erreurs après avoir été cent fois puni et, quand il souffre par sa faute, accuse les événements, sa mauvaise étoile, ou reproche aux autres d'avoir détruit son bonheur.

Le médecin, le plus intime des confesseurs, constate tous les jours cet incroyable aveuglement. Quels que puissent être sa puissance d'imagination dans le mal, sa connaissance du monde et le scepticisme qui en résulte à l'égard de la vertu, il passe d'un étonnement à l'autre en entendant ces confidences et se demande s'il rêve. S'il trahissait ses secrets médicaux, il ne serait pas cru, ou tout au moins, le taxerait-on d'exagération.

Quand il ne s'agit pas d'actes délictueux ou criminels, mais de fautes courantes dont nous sommes tous coutumiers, il reste néanmoins frappé du peu de clairvoyance morale que dénote la conduite de la plupart des gens et doit se dire : L'homme ne voit pas plus loin que le bout de son nez.

Mais le malaise que laissent ces tristes constatations est bientôt tempéré pour le médecin, quand, soucieux de son rôle d'éducateur, il cherche à ramener sur la bonne voie les malheureux égarés. C'est avec un étonnement joyeux, cette fois, qu'il voit que tout n'est pas perdu et que la tâche de modifier profondément une mentalité n'est pas impossible.

Les hommes sont bêtes, c'est entendu ; chacun le dit et aime à le répéter, ne fût-ce que pour souligner une exception en sa faveur. Oui, les hommes sont aveugles et, dans ce royaume, être borgne ne confère qu'une piètre royauté. Mais, quand on s'adresse à l'individu isolé, souffrant, malheureux, qu'on l'enveloppe d'une franche sympathie et que, pour le faire sortir de sa misère, on le fait penser, raisonner, on revient de ce jugement pessimiste sur la mentalité humaine. On retrouve chez les gens les plus simples, les moins éduqués, chez des déséquilibrés même, un trésor de logique et d'intelligence des choses morales.

On reconnaît alors qu'il y a dans ces jugements spirituels, mais dédaigneux, de tant d'écrivains une aristocratique présomption, et, quand on voit combien peu de ces grands seigneurs de la pensée savent harmoniser leur conduite et leurs principes, on s'éprend de sympathie pour le simple d'esprit, plus près de la vérité.

Après avoir dit que l'homme est bête, stupide, après avoir presque senti naître dans son âme une certaine aversion pour cet être mal fait, on se reprend à l'aimer, à l'aimer toujours plus, et l'on conclut : Qu'il est intelligent et bon quand on gratte la surface, quand on met à nu le dessous de sa personnalité et qu'on l'aide à dégager sa logique des entraves qui la lient !

On a souvent fait remarquer que la psychologie des foules n'est pas simplement la somme des psychologies individuelles, que la mentalité d'un homme n'est plus la même quand il est seul ou quand il est entraîné dans le tourbillon des idées ambiantes. C'est vrai, et c'est au milieu des grandes catastrophes, dans les grèves, les révolutions, les guerres, que cette stupidité morale saute aux yeux. L'égoïsme s'y montre sous sa forme la plus hideuse, parfois étrangement mélangé à l'esprit de sacrifice. et l'on se prend à douter de la possibilité du progrès social.

Mais, si l'homme est ainsi entraîné et subit la contagion de l'exemple, c'est en vertu de sa suggestibilité, de sa crédulité ; c'est là que se révèle son inaptitude à juger par lui-même, à voir clair pour trouver son chemin et l'indiquer à d'autres. Il lui manque l'éducation morale.

Si l'action qu'on exerce par la parole sur la mentalité d'un sujet pris à part se bornait à ce seul homme, le bien acquis serait assez grand pour qu'on s'attachât à sa recherche; mais il est encourageant de penser, bien plus, de constater, que cette influence ne s'arrête pas là, qu'elle s'étend, et qu'en éclairant les individus isolés ou réunis par petits groupes, on peut espérer modifier la mentalité des foules.

Comme le grain de blé mis en terre, l'idée morale que l'on met dans une âme y germe ; elle se développe et se propage comme l'épi qui répand au loin ses semences, les multipliant à l'infini.

Lorsqu'on a constaté cette pullulation du bon grain semé soigneusement dans un terrain bien préparé, on ne se laisse pas plus décourager que l'agriculteur par les difficultés de la tâche. Lui aussi connaît la plante vivace qu'est l'ivraie ; il l'arrache sans relâche et sait augmenter le rendement de son champ ; faisons comme lui.

Nous sentons tous plus ou moins vivement la nécessité de nous débarrasser de nos défauts, de cultiver nos qualités ; nous aimons surtout à imposer aux autres ce travail ardu, car leurs défauts nous gênent. Tous, nous saluerions avec joie le progrès moral dans l'humanité tout entière, mais nous nous décourageons d'avance en songeant à la lenteur de cette culture, et c'est avec un sourire sceptique que la plupart des hommes accueillent toute proposition d'orthopédie morale appliquée aux individus ou aux masses.

Ce n'est pas dans cet état d'âme qu'on peut travailler à l'œuvre commune. Il faut, au contraire, croire avant tout à la possibilité du perfectionnement de l'esprit humain, cultiver chaque plante avec une inlassable patience, en contemplant par avance la précieuse récolte. Alors on ne s'arrête plus dans son labeur; on ne s'y soumet pas comme à une corvée, on s'y complaît, et l'on trouve dans ce travail la joie du présent et l'espérance pour l'avenir.

LA CONQUÊTE DU BONHEUR

Et pourquoi ce beau zèle, ce continuel souci de modifier sa propre mentalité, d'agir sur celle des autres ? — Tout simplement pour se procurer la plus grande somme de bonheur possible dans ce monde.

L'unique mobile de toutes les actions de l'homme, c'est *le désir du bonheur*. On a considéré comme l'instinct primordial de toute créature animée l'instinct de conservation. Ce n'est pas toujours vrai. Déjà chez l'animal, l'instinct sexuel, le désir de jouissance immédiate domine ; il est plus puissant que la faim, que la soif, et c'est dans la poursuite amoureuse que l'animal montre vis-à-vis des mauvais traitements l'indifférence la plus obstinée.

Chez l'homme apparaît au premier plan cet instinct du bonheur, si bien qu'il préfère souvent la mort à la privation de ce qu'il estime être le bonheur pour lui. Être bien dans sa peau, physiquement, intellectuellement ou moralement, est l'unique but de toute créature humaine, et, quelles que soient la mentalité du sujet, sa conduite, ses opinions, ses aspirations, on retrouvera toujours au tréfonds de son âme cette appétence primordiale du bonheur. La question, c'est de savoir où on la cherche, cette félicité dont l'humanité est assoiffée.

Les philosophes sont prêts à répondre, à nous renseigner sur *le sens* de la vie, à nous en montrer *le but, le prix*, tantôt en s'appuyant sur les dogmes d'une religion révélée, tantôt en échafaudant sur des bases scientifiques une théorie de la vie. Bien plus, les métaphysiciens osent soulever le voile de l'au-delà et nous content leurs rêves les plus fantastiques sur l'immortalité.

Eh bien, je ne goûte guère ces tentatives de nous dévoiler l'Inconnaissable, alors qu'on n'est pas qualifié pour en savoir plus long que les autres. Que j'aime mieux ce dominicain de Fribourg (Suisse), le P. Weiss, qui consacre un excellent volume à........ l'Art de vivre[1].

Voilà ce qu'il nous faut. La vie n'a qu'un but : être vécue, et c'est un art que de la bien vivre, d'en tirer cette somme de bonheur à laquelle tous aspirent éperdument, depuis le jouisseur, qui s'égare d'emblée, jusqu'à l'idéa-

1. *Die Kunst zu leben* von Fr. Albert Maria Weiss, O. Pr. Freiburg im Breisgau, Herdersche Verlagshandlung, 1901.

liste religieux ou philosophe, qui, dans un lumineux rayonnement, voit devant lui l'amour.

Avec un enthousiasme presque mondain, qu'on ne chercherait pas sous la soutane, notre moine reconnaît tout ce que nous devons au labeur scientifique du XIXe siècle; mais il nous dégrise aussitôt, en faisant remarquer que tous ces progrès n'ont en aucune façon donné au pauvre monde la paix et le bonheur. Qui oserait le contredire?

C'est qu'en effet, l'homme ne voit pas assez clairement devant lui la route qui mène au bonheur. Il le cherche presque uniquement dans la satisfaction prompte et complète de ses multiples désirs, dans les jouissances matérielles et intellectuelles, dans l'aisance, le confort, la fortune; et on a si bien identifié ces deux conceptions, jouissance et bonheur, qu'on appelle couramment les privilégiés : les heureux de ce monde. Pénétrez dans ces intérieurs où règne le luxe, voire même la culture de l'esprit, tout ce qui semble fait pour donner du charme à l'existence, et vous y trouverez souvent le malheur, plus peut-être que dans la cabane du pauvre. Comme disait le bon abbé Gaime à J.-J. Rousseau adolescent : « Si chaque homme pouvait lire dans les cœurs de tous les autres, il y aurait plus de gens qui voudraient descendre que de ceux qui voudraient monter. »

Dans une conférence spirituelle, le leader socialiste

italien Enrico Ferri exposait, en termes fort modérés, les revendications du quatrième état et faisait remarquer que le progrès désiré se ferait par évolution, si les classes dirigeantes favorisaient le mouvement, par révolution, si elles s'obstinaient dans la résistance. Il ajouta : « Mesdames et messieurs, si j'ai parlé de l'amélioration du sort des classes ouvrières, je n'entends pas par là le bonheur individuel ; celui-ci est affaire de tempérament. Il y a des gens en haillons qui ne savent pas où ils dîneront ce soir et qui sont heureux comme des rois, si les rois pouvaient être heureux ; il y en a, au contraire, qui ont tout ce qu'on peut désirer comme jouissances et qui sont toujours profondément malheureux. »

C'est que le vrai bonheur n'est pas dans l'accomplissement de ces désirs, si légitimes soient-ils. Sans doute, tous ces privilèges que nous devons, qui au hasard de sa naissance, qui aux chances de la vie ou à son travail personnel, nous apportent de grandes satisfactions, du bonheur momentané, et il n'y a pas d'homme qui n'ait pu dire à certains moments : Je suis content, heureux ; mes affaires marchent bien ; j'ai une situation qui me convient ; j'ai la santé, les joies de la famille, etc., etc. Mais ce sont là des bonheurs partiels, contingents, passagers ; ce n'est pas encore *le bonheur*.

Il est légitime de rechercher tous ces avantages, et cette

ambition est la condition primordiale du progrès ; c'est ce désir d'arriver qui déclenche nos énergies. Le succès donne la puissance pour le bien comme pour le mal, et cette idée suggéra à un dominicain français un sermon sur l'étrange thème : Enrichissez-vous !

Mais, s'il y a un fait qui saute aux yeux, c'est la fragilité de tous ces bonheurs partiels : la fortune se perd ; la notoriété scientifique, littéraire et artistique s'évapore avec le temps, quand elle a résisté au dénigrement de concurrents envieux ; en politique, la Roche tarpéienne reste toujours près du Capitole ; la santé s'altère, et le bonheur familial, conjugal ou paternel, est fragile comme le reste, soit que nous perdions les êtres aimés, soit que, douleur plus grande encore, nous les voyions atteints, par leurs propres fautes ou par les cruelles nécessités de l'existence, de maladies physiques, intellectuelles ou morales. Suivez les familles et les individus dans leur vie en somme si courte, et vous verrez l'heur et le malheur entrer et sortir de leur maison et empêcher chez la plupart des hommes l'établissement d'une félicité durable.

Ce bonheur n'est-il donc pas de ce monde ? Faut-il y renoncer d'emblée, en se berçant de l'espoir d'une félicité éternelle qui compensera enfin les injustices du sort que nous subissons tous ? — Il semblerait, et pourtant je ne puis me résoudre à ce découragement terrestre.

Parmi les vicissitudes de notre vie, il y en a trop qui sont évitables, que nous ne devons qu'à nous-mêmes, pour avoir le droit de nous croiser les bras et de réserver nos aspirations pour les joies célestes.

Sans doute, il y a des catastrophes qui nous atteignent, qui troublent notre vie et que nous sommes impuissants à conjurer ; elles agiront toujours sur la pauvre humanité. Mais détruisent-elles nécessairement notre bonheur intime ? — Non.

Si l'on voit beaucoup de gens qui ont la peur de vivre, qui se désespèrent au moindre insuccès et sont malheureux, il est des âmes qui supportent vaillamment toutes les souffrances, la maladie, la misère, la mort des leurs, la ruine de toutes leurs espérances. Les malheurs, au pluriel, pleuvent sur leurs épaules, et leur bonheur intime reste intact ; ils ne se réfugient pas dans un stoïcisme dédaigneux, qui serait un manque de sensibilité, mais dans un contentement intérieur, qui est la suprême jouissance.

Il est possible, et même probable, que les personnes qui vivent d'une vie religieuse intense soient plus souvent capables d'acquérir cet esprit de support ; n'ont-elles pas pour les soutenir, — et cela pourrait peut-être diminuer la valeur de cette vertu, — l'espoir d'ineffables récompenses ? Mais ces âmes bien douées ne vont en général pas si loin dans leurs rêves et ne précisent pas le but qu'elles poursuivent ; elles agissent spontanément dans une intuition qui leur fait découvrir le bonheur là où d'autres ne le voient pas ; elles sentent comme cela, voilà tout.

On peut retrouver la même disposition d'esprit, la même puissance de résistance morale, chez des personnes qui n'ont pas songé à se donner une foi ou même chez celles que leurs réflexions, leur expérience de la vie, ont amenées à *l'agnosticisme,* c'est-à-dire à ce scepticisme rationnel qui nous défend de donner à des suppositions, si agréables fussent-elles, le caractère de certitudes.

Oui, nous avons le droit de poursuivre, sans vains scrupules, tout ce qui peut satisfaire nos désirs de bien-être matériel ou spirituel ; nous devons travailler, dans notre intérêt et dans celui des autres, à l'amélioration du sort de l'humanité, et les progrès dus à la science peuvent y contribuer dans une large mesure. Le bien-être n'est pas un mal en lui-même, et ce n'est pas en maintenant l'humanité dans la médiocrité qu'on contribuerait à son bonheur ; c'est, au contraire, dans un développement économique constant, — je ne dis pas, par ce développement, — que se fait le progrès intellectuel et moral.

Mais gardons-nous de mettre tout notre bonheur sur des cartes qui peuvent être déplacées à chaque instant par la main des autres ou être emportées par le moindre vent.

C'est à ce point de vue que je n'ai qu'une très médiocre confiance dans les bienfaits de la civilisation, aussi longtemps qu'elle ne nous apporte que des avantages matériels, un plus grand bien-être dans l'habitation et l'alimentation, les jouissances de l'esprit, si nobles soient-elles.

Le bonheur n'est pas là ; il est au plus profond de nous-mêmes, dans notre moi intime, et il ne peut avoir sa raison d'être que dans la satisfaction la plus complète de nos aspirations idéales, dans le culte du Vrai, du Beau et du Bien.

Cet état d'âme ne peut être créé que par une constante culture de notre moi moral ; nous n'atteignons jamais à cette perfection, mais nous marchons tout au moins sur la voie qui y mène, et notre bonheur, le seul vrai, le seul inattaquable, est en proportion directe de notre développement moral.

Si grande que soit l'œuvre titanesque de l'homme qui, grâce à son intelligence et à son inlassable labeur, a surpris maint secret de la nature, asservi les forces naturelles pour les faire concourir à ses fins, il reste dans ce malheur qu'il crée lui-même ; sa misère paraît même d'autant plus cruelle qu'elle contraste avec les richesses accumulées par la science et l'industrie humaines.

Pour quiconque pense, il n'y a pas de possibilité de bonheur en dehors du développement éthique de la personnalité humaine. Or il est évident que les vertus dont la pratique doit, selon les doctrines religieuses, nous assurer la félicité dans une vie future sont précisément celles qui nous donneraient le bonheur sur cette terre. Chose curieuse, l'homme méconnaît cette évidente vérité ou, faute plus grande encore, se déclare d'emblée incapable de réaliser cette aspiration.

Le développement de la personnalité morale n'est possible que par *l'éducation de soi-même*. Chaque pas que nous faisons dans cette voie contribue à notre bonheur et entraîne ceux qui, à leur gré ou à leur insu, subissent notre influence ; ainsi se fait l'éducation des foules, et seul le progrès individuel peut diminuer l'antinomie signalée entre la mentalité des agglomérations humaines et celle de l'individu isolé.

Pour arriver à ce développement nécessaire, nous n'avons pas d'autre moyen que *la pensée*. C'est la seule lumière qui nous permette d'éclairer le chemin.

LA PENSÉE

Alors, dira-t-on, il nous faut de *la volonté*, de *l'énergie*, mettre ces forces en jeu dans cette *liberté* morale qui fait la supériorité de l'homme sur l'animal. Je voudrais pouvoir me contenter de ces expressions consacrées, parler le langage de tout le monde ; je n'ai, je crois, aucune tendance à me singulariser et l'esprit de contradiction, que nous avons tous, ne me semble pas avoir atteint chez moi un degré maladif.

Mais les mots ne sont que les étiquettes des pensées, et il est dangereux de s'en servir sans bien savoir ce qu'ils représentent. Quand on se livre à cette analyse, on s'aperçoit que l'étiquette ne correspond pas toujours au contenu. Il y a des mots qui ont conservé à travers les âges la signification qu'ils avaient lors de leur création, alors qu'ils ne servaient qu'à désigner un fait, sans en expliquer les causes. Il y a, au contraire, des expressions que l'on a fait dévier de leur sens primitif. Il faudrait de continuels remaniements dans ces dénominations, et on ne les a pas faits. Et puis, les mots sont élastiques et se déforment dans l'esprit de chacun sous la pression des mots-idées qui préexistent dans l'entendement du penseur. Les mots représentent souvent deux aspects d'une réalité unique, parfois des idées opposées, et cette absence d'accord sur le sens précis des termes employés donne lieu à de stériles discussions.

On fait usage de ses jambes sans rien savoir de l'anatomie et de la physiologie des organes de la locomotion ; on se sert très bien de ses yeux sans connaître les lois de l'optique physiologique ; encore est-il que cette science nous est d'un grand secours pour corriger les défauts de notre œil.

Dans beaucoup de domaines, l'homme pense aussi très sensément sans avoir des notions de psychologie ; mais le mécanisme de la pensée est beaucoup plus compliqué que celui de l'œil, et si l'on s'aventure sur le terrain de l'analyse morale, il devient nécessaire de connaître l'instrument dont on se sert, *la raison*, et de s'entendre au préalable sur la valeur des mots qu'on emploie.

Examinons à ce point de vue le mot *pensée*.

L'homme se fait une étrange illusion quand il s'imagine pouvoir penser *à ce qu'il veut* et *ce qu'il veut*. Jamais un homme, si génial qu'il fût, n'a eu une pensée personnelle, n'a fait sourdre une idée de son auguste front. La pensée, si compliquée soit-elle, ne résulte que d'associations d'idées qui ne subissent en aucune façon le joug d'une volonté souveraine. Nos pensées s'imposent à nous, se succèdent dans notre esprit, sans que nous puissions intervertir leur ordre, chasser celles qui sont importunes ou nous attarder volontairement à celles qui nous plaisent. Elles résultent toutes d'excitations fortuites, physiques ou psychiques, venues de l'extérieur, extrinsèques par rapport à notre moi intime, même quand cette excitation a son siège dans notre organisme. Nous ne dirigeons pas notre pensée ; c'est l'excitation qui la fait naître. Les idées qui nous viennent sont le fruit de l'expérience personnelle, de celle que les autres nous transmettent par la parole ou par le livre, par tous les moyens d'expression que nous donnent nos cinq sens. *Nihil est in intellectu quod non prius fuerit in sensu* reste la proposition fondamentale de la psychologie.

Nous ne pensons donc pas *par nous-mêmes,* dans le sens strict du mot ; nous assistons, j'ose dire passivement, au jeu de notre kaléidoscope mental, dans lequel les images se succèdent sous l'influence des chocs qu'il reçoit de l'extérieur. Le mouvement provoqué continue pendant la veille, se poursuit dans le sommeil sous la forme du rêve, et nous ne pouvons pas plus nous opposer à ce continuel flux de pensées pendant le jour que pendant la nuit. La direction et l'intensité de ce courant ne dépendent que des obstacles qu'il trouve sur sa route, par le fait des idées antérieures emmagasinées dans notre mémoire et qui, elles aussi, sont nées fortuitement par l'expérience sensible. Qu'il s'agisse du plus vulgaire calembour ou d'une idée géniale, nous retrouvons pour toutes nos pensées cet enchaînement nécessaire et indépendant de nous.

L'idée que j'exprime est tellement étrangère à la mentalité commune que je suis obligé de l'expliquer, quoique je la considère comme une vérité de La Palisse.

Un exemple : Deux jeunes gens sont forcés par les nécessités de l'existence de se lever à sept heures pour aller à leur travail. Ils se réveillent tous deux en vertu des influences peu connues (repos suffisant pour l'organisme, habitudes, autosuggestions antérieures, excitations sensorielles par le jour, le bruit d'un réveil, etc., etc.) qui régissent l'état de sommeil ou de veille. En ouvrant les yeux, ils ne sont nullement libres de penser à quoi que ce soit, au Grand Turc, par exemple. Leurs pensées se portent, sans intervention d'une volonté, sur les objets de leurs préoccupations antérieures et sont dirigées par des circonstances toutes fortuites. L'un d'eux constate qu'il fait déjà grand jour ; aussitôt naît l'idée : Aurais-je dormi trop longtemps ? Elle n'est pas voulue, cette idée souvent troublante, elle s'impose. Par association d'idées, le sujet est forcé de regarder sa montre, et, dès qu'il s'aperçoit qu'il est en retard, il saute de son lit comme mû par un ressort. Le jeune homme aimerait peut-être bien ne pas obéir à ce réflexe psychique ; mais celui-ci est né en vertu de l'éducation antérieure, de l'idée fixe qu'il faut aller à son travail, fait que l'on exprime en disant qu'il obéit au sentiment du devoir.

L'autre jeune homme a aussi jeté un regard sur sa montre, mais n'a pas réagi ; il s'est retourné dans son lit ; le sentiment faible du devoir, le manque d'intérêt pour son travail, ont empêché la réaction. Il va dormir tranquillement, alors que l'autre n'aurait pas pu rester un instant de plus dans son lit.

Chez tous deux, le jeu de la pensée va continuer sans qu'ils puissent en interrompre le cours. Le chemin que suivront ces associations d'idées est impossible à prévoir ; il dépendra à la fois d'événements fortuits et des idées antérieures qui préexistent dans la mentalité du sujet, des sentiments qui l'agitent au moment même de l'excitation contingente.

Ces idées s'enchaînent, déterminent des actes, et ces associations se font si involontairement que nous sommes souvent étonnés du chemin qu'elles ont suivi et que, dans une conversation, nous nous posons la question : Comment sommes-nous arrivés à parler de cela ?

Autre exemple : Nous avons subi un jour une blessure d'amour-propre ; nous croyons en avoir pris notre parti ; nous l'affirmons en toute sincérité, et voilà que la rencontre d'une personne, un nom prononcé, provoquent une réminiscence. Nous ressentons une douleur morale aiguë, et pendant des heures, peut-être, nous allons être poursuivis de pensées tristes, obsédantes, alors même que nous reconnaissons nos préoccupations vaines ou exagérées et que nous voudrions bien penser à autre chose.

Nous ne pouvons pas plus arrêter l'idée que le sentiment qui lui succède ; ce n'est pas *la volonté* que nous pouvons opposer à ce constant mouvement, à cette interminable succession d'images mentales, toujours nées d'une excitation antérieure ; c'est une autre représentation mentale qui intervient, qui s'interpose, sans que nous ayons le pouvoir de l'évoquer.

Journellement, quand notre pensée est ramenée sur une de nos actions, nous sommes obligés de nous dire : Je n'aurais pas dû faire cela. — Et quand on nous reproche de n'avoir pas obéi à telle ou telle considération, nous répondons : Que voulez-vous, je n'y ai pas pensé ; cela ne m'est pas *venu à l'idée.*

On nous réplique quelquefois assez durement : Précisément, il fallait y penser. — C'est facile à dire après coup, mais c'était absolument impossible puisqu'au moment de l'action l'idée n'a pas surgi. La seule chose à faire, c'est de bien voir, à présent que notre attention a été attirée sur ce point, ce que nous aurions dû faire, non pour nous tourmenter d'inutiles reproches, mais pour faire mieux la prochaine fois. Dans la conversation, nous avons souvent ce qu'on a appelé l'esprit du bas de l'escalier, c'est-à-dire que nous ne trouvons qu'à la sortie d'une maison la répartie spirituelle que nous aurions dû faire à quelque plaisanterie ; l'idée ne nous en est pas venue assez tôt. C'est aussi ce qui nous arrive dans la vie morale, soit que les conceptions éthiques qui sommeillent en nous n'aient pas été suffisamment fixées par l'éducation, soit que l'événement fortuit, dépendant des autres, ne soit pas intervenu à temps pour changer le cours de nos associations d'idées. Nous aurions souvent agi autrement si la lettre d'un ami n'avait pas été retardée par des circonstances indépendantes de notre volonté.

Les journaux relataient récemment le suicide d'un haut fonctionnaire. Dans son agonie, on lui communique une lettre réduisant à néant les inquiétudes qui avaient déterminé son acte de désespoir : « Trop tard », murmura-t-il, et il expira.

Une mélancolique, hantée du désir du suicide, monte

sur la tour d'une cathédrale ; elle enjambe la balustrade et va se précipiter dans le vide. Elle aperçoit des enfants qui jouent au pied de la tour ; craignant de les blesser ou de les effrayer, elle renonce à ce mode de suicide et va se jeter à la rivière quelques minutes après.

Est-ce à dire que notre conduite ne dépend que de ces circonstances toutes fortuites ? — Non, elle dépend à la fois de ces événements et des *idées*, des représentations mentales, qui préexistaient dans notre entendement et qui seront réveillées par le jeu involontaire de la pensée. Mais ces idées, ces principes moraux, nous ont été inculqués par d'autres, et nous retrouvons ici les hasards de la vie, de notre éducation.

On a dit très justement qu'il n'y a point de hasard ; c'est évident en ce sens que tout ce qui se passe a sa raison d'être. Le couvreur qui jette imprudemment une tuile du haut du toit agit en vertu de ses impulsions et moi, qui passe dans la rue, je suis mû par un mobile quelconque ; mais il y a du hasard dans la coïncidence des deux faits, qui n'étaient reliés par aucun rapport nécessaire de cause à effet et auraient pu mille fois ne pas coïncider.

La pensée n'est donc pas spontanée, ne résulte pas d'un effort intérieur de l'homme qui pense ; elle est involontaire, automatique ; les idées tombent comme tuiles sur notre tête ; mais l'expérience peut nous enseigner à éviter le passage sous les toits en réparation. Ce n'est pas que nous *voulions* ne pas y passer, c'est que l'association d'idées a fait naître une crainte salutaire, et vous seriez forcé d'employer la contrainte pour amener une personne à prendre le chemin qu'elle trouve dangereux. Il faut donc que nous connaissions le danger, et, ici encore, nous n'avons qu'un seul maître, l'expérience.

Une image fera bien comprendre cet automatisme de la pensée :

Supposez une surface plane sur laquelle les passants jettent continuellement de petites billes. Elles se placeront au hasard, c'est-à-dire sans ordre, en vertu de l'impulsion même qui leur a été donnée ; elles suivront la voie rectiligne et s'arrêteront quand elles auront perdu leur force vive.

Les petites billes, ce sont les représentations mentales nées des excitations fortuites. La surface sans bords représente l'entendement d'une personne qui n'aurait aucune idée antérieure, phénomène parfaitement impossible. Il y a cependant beaucoup de gens qui n'ont que peu d'idées fixées dans le champ de leur conscience ; ce sont des impulsifs qui ob 'issent à toutes leurs impressions, comme une girouette ` tous les vents. C'est l'anarchie de la pensée.

Bordons cette surface plane de quatre parois élastiques comme les bandes d'un billard ; le désordre va diminuer. Les billes jetées sur ce tapis ne seront plus disposées au hasard ; il y en aura moins sur les bords, car celles qui auront été lancées sans force s'arrêteront avant d'avoir atteint la bande et celles qui la toucheront reviendront en arrière.

Ajoutons, sur cette surface, quelques bandes obliques comme les digues d'une rivière : l'ordre va succéder au désordre ; les billes, d'où qu'elles soient lancées par les passants et quelle que soit la force qui les anime, seront canalisées et suivront toutes le même chemin, comme si elles étaient versées dans un entonnoir.

L'esprit de l'homme qui n'a que peu cultivé sa pensée, c'est-à-dire que l'expérience n'a pas éduqué, ressemble au billard à quatre bandes ; il y a une certaine logique dans ses associations d'idées ; il a même des bandes surnuméraires, mais mal orientées, qui sont ses préjugés, ses conceptions toutes faites, emmagasinées machinalement par la pression du milieu ambiant, par l'éducation faussée.

Celui, enfin, qui, en vertu de son intelligence native, des conseils judicieux qu'il a reçus de ses parents, de ses amis, en vertu des contingences de la vie auxquelles nous sommes tous soumis, aura bien disposé ses bandes, c'est-à-dire ses principes moraux, verra sa vie mentale se régulariser. Ses associations d'idées se succéderont dans un ordre logique, détermineront des actes normaux, adaptés à la seule fin que recherche l'homme : le bonheur, dans son sens le plus étendu, sur cette terre ou dans une autre existence.

C'est dire qu'il nous faut des bandes dans le champ de notre pensée, des principes directeurs auxquels viennent se heurter les pensées fortuites, jetées au hasard dans notre entendement; il faut que ces dernières soient déviées quand elles sont mauvaises, qu'elles soient canalisées dans une direction unique, dans le sens d'une éthique favorable, non seulement à nous-mêmes, à nos proches, mais à l'ensemble de l'humanité.

Nous ne créons pas ces bandes; elles nous sont données par l'expérience universelle, et si nous les fixons dans notre entendement, c'est que ces idées ont pour nous un attrait puissant.

L'illusion de la liberté, constante chez l'homme qui ne réfléchit pas au pourquoi des choses, est surtout marquée quand il applique sa pensée à un travail continu exigeant un effort. Ceux-là mêmes qui ont compris dans une certaine mesure le déterminisme, saisi le caractère fortuit de nos pensées successives, répondent : « Votre affirmation est trop absolue. Nous pouvons imposer à notre pensée un certain ordre ; ainsi, quand nous consacrons une heure à résoudre un problème algébrique, nous dirigeons notre pensée dans un sens déterminé, nous écartons toutes les autres idées qui viendraient troubler l'enchaînement de nos déductions. »

Cela est vrai, en apparence, aussi bien pour ce travail continu que pour la pensée fugitive, si l'on ne tient pas compte des esclavages internes. Nous ne fixons pas volontairement notre attention ; elle se fixe par l'attrait même du travail que nous disons *nous imposer* et qui, au contraire, *s'impose à nous*.

Il importe, pour une compréhension claire du déterminisme, de bien saisir le caractère impérieux du motif qui détermine notre action. Attardons-nous à un exemple concret :

J'ai commencé un soir la lecture d'une œuvre littéraire qui m'a intéressé. Le lendemain, au réveil, les associations fortuites d'idées m'ont remis en mémoire ce sujet. L'attrait renaît et j'ai grande envie de consacrer quelques moments à cette lecture. Cependant des scrupules s'emparent de moi ; occupé à d'autres travaux, il me semble que je ferais mieux de lire quelque chose de plus directement utile, et me voilà tergiversant. Soudain, j'aperçois sur ma table une grande enveloppe ; elle renferme un rapport médico-légal que j'aurais déjà dû livrer. Cette vue éveille un remords, car le retard apporté à ce travail peut avoir de fâcheux effets pour la personne qui est l'objet de mon expertise. Ce sentiment devient si puissant qu'il coupe court à mes velléités de littérature. Il faut se mettre à l'œuvre, et pendant des heures, je vais concentrer ma pensée sur ce travail. Ce n'est pas dans ce travail en lui-même qu'est *l'attrait* déterminant ; il est fastidieux au possible, et parfois l'image du plaisir que j'aurais eu en lisant le roman voltige autour de ma tête comme un papillon et me trouble. Mais, aussitôt, cette image est remplacée par une autre, par celle de la nécessité, par celle du devoir, par l'idée même que je ne pourrai jouir d'une lecture agréable que quand j'aurai mis en ordre cette affaire urgente. *L'attrait* réside précisément dans l'obéissance à ces divers motifs d'ordre moral. Ma concentration, si tant est qu'elle n'est pas empêchée par une fatigue intellectuelle, sera en proportion, non d'une volonté libre, mais du caractère impérieux que je reconnaîtrai à ces motifs. Un jour, je saurai les apprécier à leur juste valeur et je suffirai à mon labeur ; un autre jour, je trouverai mille excuses pour le remettre au lendemain.

Nous nous sentons toujours actifs, et non passifs, dans un travail quelconque, qu'il s'agisse d'une pensée fugitive se traduisant par un geste ou d'un travail continu, persévérant. Nous sommes libres dans le sens fruste que le public donne à ce mot ; nous sommes esclaves, philosophiquement parlant, des motifs qui s'imposent à nous en vertu de notre caractère.

Aussi y a-t-il des gens dont on n'obtient jamais la livraison du travail promis et *qui se rendent* l'existence malheureuse par leur inaptitude à le terminer. Les *Fragments d'un journal intime* d'Henri-Frédéric Amiel jettent un jour tragique sur ces mentalités indécises pour lesquelles les motifs n'arrivent jamais à la maturité qui les rend efficaces.

Si l'on voulait pousser jusqu'au purisme le langage déterministe, on devrait dire qu'il y a des gens dont l'existence *est rendue* malheureuse par leurs défauts. Mais il est inutile de supprimer les verbes réfléchis pour les remplacer par des passifs. Quand nous nous mettons le doigt dans l'œil, nous en sommes seuls cause, quelque involontaire qu'ait été notre geste. C'est pourquoi nous ne songerons pas, dans ces pages, à éviter toutes les expressions qui peuvent faire naître l'idée de liberté, de faute personnelle ; il suffit d'avoir compris la nature de ces phénomènes de pensée.

L'homme a jugé d'après ses sentiments, même dans la construction des conceptions religieuses ; il a toujours donné à ses dieux quelques défauts humains, les a fait agir sous l'impulsion de la jalousie, de la vengeance, du courroux ; il les a fait esclaves de leurs représentations mentales, des sentiments qu'elles font naître. Dans une vue anthropomorphique dont l'âme humaine ne saurait se débarrasser, il a fait ses dieux à son image. Le christianisme a, il est vrai, délivré son Dieu unique de ces faiblesses humaines; il ne lui attribue plus les frasques passionnelles des dieux de l'Olympe, mais il lui laisse, dans certaines conceptions encore actuelles, un bien vilain sentiment, la colère, non pas seulement celle, légitime, qui s'adresse à l'acte mauvais, mais celle qui punit dans toute éternité.

Les principes moraux que nous avons fixés dans notre esprit ne représentent pas toujours des bandes bien solides ; elles cèdent souvent sous la pression de billes trop grandes et lancées avec trop de force, qui sont nos impulsions passionnelles. Il ne nous reste qu'à constater le désordre, à réparer nos bandes, à les fixer plus solidement, non pas par une volonté libre, qui ne peut exister, mais par la vue claire des choses, obtenue par notre propre expérience aidée de celle des autres.

Ces faits faciles à constater et à analyser démontrent *le déterminisme* qui préside au mécanisme de notre pensée ; ils font comprendre le pourquoi des choses, sans que cette explication ne change rien au fait de la vie mentale. Le jour où Galilée affirma que la terre tourne autour du soleil, il n'y eut rien de changé dans le déplacement réciproque des deux astres ; la terre n'attendait pas la décision du tribunal de l'Inquisition. De même, quand, dès les débuts de la pensée humaine, des philosophes, comme Socrate, ont compris l'idée du déterminisme moral, l'homme a continué à penser et à agir bien ou mal. Il a pensé plus mal en ignorant le mécanisme de la pensée : l'oubli de ces principes de psychologie le rendait moins indulgent aux fautes des autres, sans le rendre assez sévère pour lui-même.

L'ACTE

Oui, m'ont répondu la plupart de mes interlocuteurs, il est évident que nos pensées sont le plus souvent éveillées par des impressions toutes fortuites, par des événements indépendants de nous, par des réminiscences ; il est clair que nous ne pouvons pas évoquer nous-mêmes une idée ; elle s'impose ; elle naît par enchaînement avec l'idée qui l'a précédée ; elle s'entre-choque avec des idées préexistantes qu'elle a réveillées de leur sommeil. Il est facile de se représenter ce mécanisme automatique, qui établit la succession nécessaire de nos pensées. Mais en est-il ainsi de toutes nos pensées? N'y en a-t-il pas qui sont plus primordiales, qui sont en nous et que nous pourrions jeter dans le courant involontaire d'idées, comme un maître qui, après avoir laissé ses élèves s'égarer dans leurs rêveries, viendrait les remettre sur le droit chemin?

Rien n'empêche de supposer qu'il y a en nous, au tréfonds de notre âme, une volonté autonome. Mais elle jouerait, ce me semble, un bien petit rôle, et la constatation facile, journalière, que nos idées naissent dans une succession involontaire autorise tout au moins la présomption qu'il y a là une règle générale. C'est à ceux qui prétendent qu'il y a des exceptions, qu'il y a des *idées volontaires*, d'en faire la preuve. Or je mets au défi quiconque de me signaler cette exception. Examinez chacune de vos idées présentes, de vos représentations mentales actuelles, et vous retrouverez toujours ou la chiquenaude qui les a déclenchées (événements fortuits) ou l'idée ancienne qui a fait dévier l'impulsion première, principe moral, qui surgit en nous parce qu'il s'associe tout naturellement avec l'idée précédente.

L'objection dernière que l'on oppose au *déterminisme de la pensée*, c'est qu'en fin de compte, nous avons toujours le pouvoir de choisir, de décider, de céder à un mobile ou d'y résister, que nous avons, en un mot, notre *libre arbitre*.

Oui, certainement, nous apprécions la valeur des motifs, et quand nous agissons, nous avons au préalable décidé d'agir ; nous nous estimons libres quand rien d'étranger à nous ne vient s'opposer à la réalisation de nos résolutions. Si ces expressions : *liberté* et *libre arbitre* ne doivent désigner que la possibilité de juger sans entraves venant des autres, du dehors, il n'y a aucun inconvénient à les conserver.

Mais analysons plus à fond ce qui se passe dans notre tête. Sommes-nous donc maîtres d'avoir sur un sujet une opinion quelconque, de la modifier par l'intervention d'une volonté libre ? — Non.

Nous sentons tous combien nous conservons les empreintes morales de notre éducation, comme nous avons de la peine à nous garer des opinions préconçues, combien nous nous laissons influencer par les sentiments dans des jugements qui gagneraient à être plus rationnels. Rien n'est plus rare que l'indépendance vis-à-vis des suggestions étrangères, et nous ne savons pas même nous y soustraire alors que nous reconnaissons subir leur influence. Nous ne songeons pas assez au joug intérieur résultant d'idées si bien adoptées qu'elles nous paraissent nôtres. C'est ce que Spinoza exprimait en disant : « Les hommes ne se considèrent comme libres que parce qu'ils voient bien leurs actes, mais ne songent pas aux motifs qui les ont *déterminés*. »

Aussitôt qu'un désir s'éveille en nous, il tend à sa réalisation immédiate, et l'acte pensé s'accomplira nécessairement, inéluctablement, si rien ne vient entraver ce mouvement. Ce qui l'arrête ou le fait changer de direction, ce n'est pas une force que nous mettons en jeu, une *volonté*, c'est l'apparition dans le champ de la conscience, par la voie des associations d'idées, d'une représentation mentale contraire. Une lutte s'établit, sous nos yeux, entre les deux adversaires. Nous avons bien le sentiment qu'il nous appartient de décerner le prix, mais nous oublions que dans ce jugement nous apportons notre caractère, nos préventions, que c'est en un mot avec notre tête que nous jugeons et que ce n'est pas nous qui l'avons faite. Nous choisissons parmi les idées comme nous choisissons un chapeau, c'est-à-dire sans y être forcés par les autres, mais guidés par notre goût. Or il y a des gens qui ont mauvais goût, et j'estime qu'ils n'en peuvent mais.

Entre le désir et l'acte qu'il entraîne, le chemin peut être libre, et alors la transformation de l'idée en acte s'accomplit fatalement, immédiatement. Mais souvent des obstacles surgissent; ce sont des idées qui font irruption dans le cercle de nos associations, soit que nous les ayons déjà présentes dans notre mémoire en vertu de l'éducation antérieure, soit que nos semblables nous les lancent à la tête par leurs conseils.

On a souvent comparé l'homme à une balance qui penche toujours du côté où se trouve le poids le plus gros. L'image n'est pas tout à fait exacte.

La balance matérielle penche toujours du côté où le poids *est* le plus lourd; la valeur de ce poids s'apprécie en kilogrammes, mesure invariable et obligatoire pour tout le monde. La balance de l'esprit humain penche du côté où le poids *paraît être* le plus lourd. C'est comme si cette balance avait au bout de son index une petite tête consciente de ses mouvements et qui, à chaque oscillation, dirait : Je penche à droite, parce que le poids qui est dans le plateau de droite *me paraît être* plus lourd. Or chaque petite tête de ces balances humaines est faite autrement que les autres, en vertu des dispositions héréditaires et de l'éducation reçue ; elle ne peut juger qu'avec ce qu'elle a, et si c'est une tête chinoise, il se pourra qu'elle penche à gauche quand la nôtre pencherait à droite.

En partant de la conception de la volonté-force, on parle souvent *d'effort moral*. Dans le langage déterministe, cet effort n'est que *l'indécision douloureuse* qui saisit notre moi pensant quand de gros poids chargent les plateaux de la balance au point d'en faire plier le fléau.

Appliquons ces données à un cas imaginaire :

Trois personnes passent, par un jour chaud, sur une route poussiéreuse et bordée de vignes ; elles ont soif et sentent naître en elles le désir de manger du raisin. La première est une personne bien éduquée, chez laquelle le respect de la propriété d'autrui est si ancré qu'il agit automatiquement. Elle se gardera de porter la main sur ce fruit si tentant et cherchera le vigneron pour lui acheter son raisin ; si elle ne le trouve pas, elle endurera la soif. C'est que pour elle le mobile de la raison paraît plus impérieux que celui de la sensibilité.

La deuxième personne est moins délicate, toujours en vertu de son éducation dans le sens le plus étendu du mot. Elle a déjà cueilli la grappe et allait la manger sans scrupules, le motif de la raison lui paraissant à ce moment moins lourd que l'attrait du plaisir. Mais elle a vu son compagnon de route plus scrupuleux ; l'idée du respect du bien d'autrui a été réveillée à temps, et voilà notre homme qui suit l'exemple du premier.

Le troisième promeneur est un gamin ; il ne comprend rien à l'état d'esprit des deux autres ; leur probité lui fait hausser les épaules ; il empoche les grappes arrachées et les mangera en lieu sûr dans la plus parfaite tranquillité d'âme.

Chez lui, le chemin était plane et libre d'obstacles moraux entre le désir et l'acte. Chez le second, la barrière morale ne s'est élevée que par la contagion de l'exemple fortuit, car c'est par hasard que ces personnes passaient sur le même chemin. Chez le premier des promeneurs, l'idée morale a surgi, à la vue du fruit, par le déclenchement d'une idée ancienne qui sommeillait au fond de lui-même.

Est-ce à dire qu'ils ont tous les trois raison ? — Nulle-

ment ; le premier seul a raison. Est-ce à dire qu'ils vont tous agir de même dans des occasions ultérieures ? — Nullement ; le second, qui a reconnu son erreur, pourra affermir en lui l'idée d'honnêteté ; il se peut aussi qu'elle pâlisse et qu'il agisse mal une autre fois ; tout dépend des influences qui le détermineront. Personne ne peut prévoir quel mobile l'emportera, le mobile de la sensibilité ou le motif de la raison morale. Notre gamin aussi pourra rester dans l'idée qu'il a été un malin et de maraudeur devenir voleur et criminel. Il peut avoir le bonheur de trouver sur sa route un homme de bien qui lui dise : « Aimerais-tu qu'on te prenne quelque chose qui t'appartient ? — Oh non, j'en serais très fâché. — Eh bien, pourquoi fais-tu aux autres ce que tu ne voudrais pas qu'on te fît ? » Je sais très bien que cet essai d'orthopédie morale pourra être sans résultat et que le gamin s'en fera, peut-être, des gorges chaudes dans le cercle de ses camarades. Mais êtes-vous sûr qu'il en sera toujours ainsi ? En tous cas, il vaut la peine de tenter cette œuvre de conversion.

Eh oui, direz-vous, c'est faire appel à sa *volonté* ; moi, j'appelle cela faire appel à sa *clairvoyance*, ce qui n'est pas tout à fait la même chose.

Appliquez cette analyse à tous les actes de votre vie ou de celle des autres, aussi bien aux menues déterminations de la vie courante qu'aux événements moraux de la criminalité, et partout vous retrouverez le même mécanisme : succession ininterrompue de pensées associées par un lien quelconque ; apparition d'une idée allumant un désir ; transformation rapide de cette impulsion en acte s'il ne survient pas une représentation mentale contraire, c'est-à-dire si un autre mobile de la sensibilité ou un motif de la raison ne vient pas s'opposer à l'impulsion première. C'est bien le sujet qui pèse les motifs et fixe en dernier ressort leur valeur déterminante, mais il se sert pour cela de ses poids à lui ; son appréciation dépendra de sa mentalité antérieure, qu'il ne peut pas créer et qu'il a reçue de l'hérédité et de l'éducation.

Prenons un exemple dans l'ordre de la criminalité :

Un ouvrier italien s'établit dans nos pays. Il a les qualités de sa race : il est travailleur, économe, sobre, et envoie régulièrement à sa famille le produit de son rude labeur. Mais il a le sang chaud, — on joue facilement du couteau dans son pays, — il est sans instruction, et sa religiosité, s'il en a une, ne se manifeste qu'en pratiques superstitieuses ; elle n'a aucune influence sur sa vie morale.

Un jour, un camarade lui lance une plaisanterie qui le blesse dans son amour-propre personnel ou national, et voilà notre homme qui poignarde son adversaire.

Il n'y a eu chez cet individu aucun obstacle moral entre

le désir aigu de la vengeance et l'acte criminel ; ce dernier s'est accompli comme un réflexe. Aussitôt après, le meurtrier va regretter son acte, soit qu'un sentiment moral s'élève tardivement dans son âme et suscite le remords, — cela se voit, — soit que, mis en prison, il s'effraie banalement de la punition qui l'attend.

Le crime commis est le résultat nécessaire d'un concours de circonstances fortuites, — séjour dans un autre pays, rencontre d'un camarade moqueur, peut-être influence momentanée de l'ivresse, — et de causes plus durables, — insuffisance d'instruction et de développement moral.

L'illustre Charcot a dit que pour créer le nervosisme il fallait deux facteurs : l'un permanent, la prédisposition névropathique, et l'autre contingent, les agents provocateurs. On pourrait en dire autant de la criminalité, petite et grande ; elle est due à une cause permanente, la mentalité primitive, et à des causes contingentes, qui sont les divers événements de la vie.

Nous, qui sommes doués d'une autre mentalité que cet ouvrier italien, nous ne réagirions pas de la même manière. Si profonde que soit la blessure faite à notre amour-propre par une plaisanterie, l'idée de défense n'ira pas jusqu'à l'intention homicide, et fût-elle née dans une âme passionnée, elle serait arrêtée par des considérations morales bien plus que par la crainte de la gendarmerie.

Est-ce à dire que cet homme doive rester impuni, sous prétexte qu'ayant réagi comme il pouvait au moment où sa colère s'est éveillée, il n'a aucun reproche à se faire? — Nullement; l'acte est contraire au bonheur de la société; elle a le droit de le réprimer, de le punir même, tant pour réveiller chez le coupable la clairvoyance morale qui lui a manqué que pour donner un avertissement salutaire à ceux qui seraient tentés d'obéir, comme lui, aux simples mobiles de la sensibilité.

Il n'y a pas à revenir sur le passé; il a été ce qu'il a pu être. Nous savons qu'il eût pu être autre si le criminel avait eu des principes moraux, s'il avait été épris de beauté morale, ou même plus simplement, s'il avait vu d'un coup d'œil les conséquences lointaines de son acte : son emprisonnement, la douleur et la misère des siens, le tort causé à d'autres; il est, en effet, à peine croyable qu'un homme n'ait jamais pensé qu'il ne doit pas faire aux autres ce qu'il ne voudrait pas qu'on lui fît. Mais, hélas, tout cela ne s'est pas présenté à l'esprit de ce meurtrier. — Après un délit, après une faute, l'avenir seul nous intéresse; le passé ne peut nous servir que d'enseignement, et c'est pourquoi, dans la répression nécessaire, il faut envisager d'emblée la tâche éducative qui incombe à la société.

On se méprend étrangement dans le public lettré sur cette question de la criminalité et on montre une méfiance injustifiée vis-à-vis des théories modernes. On a mal compris les vues de Lombroso, et c'est avec inquiétude que bien des gens voient se réunir les congrès d'anthropologie criminelle. On s'est permis la plaisanterie de dire qu'ils étaient « vraiment criminels ». Pourquoi? — Parce qu'ils visent à établir que des stigmates corporels, intellectuels et moraux indiquent chez bon nombre de criminels une prédisposition au crime que le mot de « criminel-né » exprime d'une façon trop absolue.

Il n'y a pas de criminel-né, d'emblée prédestiné au crime ; mais il y a évidemment des individus qui doivent à l'atavisme, à l'hérédité, à la dégénérescence causée par l'alcoolisme et la misère, une mentalité spéciale, une absence plus ou moins complète de sentiments moraux. Cette amoralité est si bien liée à la constitution qu'elle se dévoile physiquement dans la bestialité de l'expression, dans le prognathisme de la face, par le front bas ou fuyant, par d'innombrables malformations du système osseux et des divers organes qu'on a dénommées « stigmates de la dégénérescence ». Bien avant les savants anthropologistes, le gros public avait vu à la cour d'assises ces « têtes de criminels », sans saisir l'idée déterministe que soulignait cette constatation.

Ces êtres-là sont des bêtes fauves ; elles peuvent rester inoffensives si les circonstances ne viennent pas réveiller leurs instincts, et l'on voit de très braves gens qui ont une tête de criminel. Mais, quand les contingences de la vie, l'absence d'éducation morale, favorisent l'éclosion des instincts mauvais, la bête humaine est déchaînée, et nous assistons à ces crimes horribles dont la cause déterminante semble échapper à la mentalité normale.

Ces criminels doivent être internés, mis dans l'impossibilité de nuire. Sous l'influence de l'émotion, le gros public réclame pour eux la peine de mort et manifeste bruyamment contre le droit de grâce. Bien plus, des hommes cultivés, des savants, qui ont des notions vagues de déterminisme, osent encourager cet esprit de vengeance ; j'en ai vu motiver par des raisons d'économie l'usage de ce moyen sommaire, évidemment moins dispendieux pour l'État que le pénitencier.

Je repousse cette solution 1° parce que nous n'avons aucun droit de pousser jusqu'à ce degré notre rôle nécessaire, mais toujours peu sûr, de justiciers ; 2° parce que la peine capitale supprime toute possibilité de revision, s'il y a erreur de jugement ; 3° parce qu'elle ne remplit pas son but préventif, le criminel agissant, même dans le crime longuement prémédité, dans un état d'âme passionnel au cours duquel la question des peines à encourir n'intervient que rarement et d'une façon très secondaire; 4° parce que, faite en public ou dans la cour d'une prison, cette exécution développe chez les natures basses qui constituent les foules l'instinct sanguinaire, le désir de vengeance cruelle. L'idée seule de ce meurtre à froid fait passer dans les âmes un souffle de sauvagerie beaucoup plus démoralisant que l'exemple d'un crime. Qui d'entre nous voudrait faire l'office de bourreau?

Des hommes de loi ont cru reconnaître une influence moralisatrice de la peine de mort dans le fait que certains condamnés graciés ont manifesté de la joie d'avoir encore leur tête sur les épaules. C'est vraiment exiger beaucoup des criminels que réclamer d'eux un pareil mépris de la mort; en face de la peine capitale, il est encore permis de préférer la maison de force. Mais ce n'est pas au moment de la perpétration du crime que le criminel se livre à ces réflexions. A ce moment-là, il agit en impulsif et ne craint qu'une chose : être découvert et puni; plus tard seulement, il manifestera des préférences pour tel ou tel mode de punition.

Chez des individus moins tarés et qui semblent jouir d'une constitution physique et intellectuelle normale, les circonstances de la vie jouent le rôle de causes déterminantes et créent le « criminel d'occasion ».

Celui-ci aussi doit être mis hors d'état de nuire; il est passible de la peine, non seulement parce que la société jouit comme l'individu du droit de légitime défense, mais parce que cette pénalité marque aux yeux du coupable le caractère délictueux de son acte et renforce les motifs de la raison, qui, insuffisants lors de la perpétration du crime, pourront prendre sur lui une influence plus impérieuse.

Il ne s'agit donc nullement de considérer le délinquant comme non coupable, de voir en lui un malade, un fou, et de lui proposer l'asile au lieu de la maison de force. Non, il faut prévenir le crime, l'arrêter en voie d'exécution, empêcher les récidives ; il faut punir précisément pour relever ces barrières morales qui ont cédé trop facilement sous la poussée des impulsions passionnelles.

C'est là une œuvre de correction qu'entreprend la société, et ce devoir est pour elle d'autant plus sacré qu'elle est elle-même cause du dénuement physique, intellectuel et moral dans lequel elle laisse croupir tant d'individus.

Les prisons resteront ; elles ne deviendront pas d'agréables lieux de repos pour des « détraqués » ; mais dans ce milieu, où la perte de la liberté constitue toujours pour le criminel la peine la plus sensible, l'influence moralisante du directeur du pénitencier, celle de l'aumônier, du médecin, celle de toutes les personnes de cœur, doit s'exercer à profusion avec l'indulgence de bon aloi qui naît directement de l'idée du déterminisme. « Le sage, a dit Platon, punit, non parce qu'on a péché, mais pour qu'on ne pèche

plus ; car tout fait consommé est irrévocable ; on ne prévient que l'avenir. »

Oui, sans doute, dit-on, il y a dans la vie d'un criminel des événements fortuits, indépendants de lui, qui auraient pu ne pas coïncider ; il y a eu un enchaînement fatal de circonstances. Sans doute, l'amoralité de cet homme a sa cause principale dans le manque de culture morale. Mais il y a un élément de *liberté* qui aurait permis à l'individu d'opposer sa *volonté* à ces impulsions successives.

Je réponds comme pour la pensée. Le fait constant, facilement constatable, c'est que nos actes sont *déterminés* par les mobiles de la sensibilité ou par les motifs de l'intelligence. C'est à ceux qui admettent encore autre chose chez l'homme de démontrer qu'il cèle dans son âme des idées morales ne provenant ni de l'hérédité ni de l'éducation.

On ne l'a jamais démontré ; on s'est contenté d'affirmer qu'il préexiste dans l'âme humaine une idée plus ou moins nette du bien et du mal, un brin de *conscience morale*, — et ce brin serait bien insuffisant, — indépendant des circonstances ; c'est sur l'existence hypothétique de cette conscience primordiale qu'on base l'idée vague de responsabilité et la sévérité manifestée à l'égard des autres.

LA CONSCIENCE

Qu'est-ce que la conscience ? — C'est l'ensemble de conceptions morales qui, à un moment donné, existent dans l'entendement d'un homme et lui servent de guide pour la conduite de sa vie.

Nous disons de quelqu'un qu'il n'a pas de conscience, d'un autre, qu'il a une conscience délicate ; et si souvent cette conscience s'atrophie, elle se cultive aussi, s'affine par l'éducation individuelle et collective. Elle varie d'un individu à l'autre comme le caractère ; elle diffère d'un peuple à l'autre suivant sa mentalité.

La probité commerciale n'est pas partout la même ; il y a des populations peu cultivées à certains égards où elle est scrupuleuse ; il y en a d'autres où, en dépit du développement scientifique, artistique, littéraire, cette conscience morale semble atrophiée ; tel peuple, dont l'honnêteté en affaires est proverbiale, a la conscience très élastique pour tout ce qui concerne la morale sexuelle.

Ces états d'âme individuels et nationaux sont souvent si stables qu'on pourrait les attribuer tout uniment à l'hérédité, les considérer comme des particularités indélébiles de la race. Cependant nous voyons ces mentalités changer, chez les individus par quelques conseils judicieux, chez les peuples sous l'influence d'un courant d'idées nouvelles, religieuses ou morales.

La constatation de ces faits porte à considérer la conscience morale comme un *produit de l'éducation,* avec cette restriction qu'il faut admettre l'influence d'une prédisposition native due à l'hérédité et à l'atavisme.

Or nous ne choisissons ni notre mentalité native ni notre éducation, et c'est comme plaisanterie que nous goûtons le conseil populaire : Il faut être judicieux dans le choix de ses parents.

Y a-t-il au milieu de ces innombrables représentations mentales qui forment le bagage de notre conscience et que nous devons évidemment à l'éducation quelques idées primordiales, un indestructible noyau d'intuition du bien et du mal? Faut-il reconnaître une *voix de la conscience,* une *soif d'harmonie,* un *besoin de justice,* qu'une loi générale et absolue imposerait à tous les hommes capables de penser, pour employer les termes d'un journaliste genevois qui critiquait naguère les élucubrations antireligieuses de Viviani à la Chambre française? — J'en serais charmé, car, si nous possédions ce joyau de vertu au tréfonds de nous-mêmes, nous n'aurions plus que des péchés mignons.

Tout d'abord, il faudrait que chacun fût capable de penser, et de penser philosophiquement ; or beaucoup de gens sont hors d'état de se livrer à ce travail ; les voilà déjà privés de ces notions considérées comme primordiales et indispensables.

Faisons remarquer que cette conscience imposée à ceux qui sont capables de penser, cet *impératif catégorique* kantien, ne nous donnerait nullement la liberté. C'est, philosophiquement parlant, le comble de l'esclavage que d'obéir à une loi inéluctable, si heureux que puissent être les résultats pratiques de cette passivité. Rien ne corrobore mieux l'idée du déterminisme que cette contrainte morale à laquelle nous ne pourrions nous soustraire. Mais la question n'est pas là pour nous, qui admettons d'emblée cet esclavage nécessaire et bon vis-à-vis des mobiles ; peu nous importe que nous obéissions à une idée acquise dans le cours de notre vie ou à une idée emmagasinée en nous dès le début de notre existence ; tout est reçu quand on n'acquiert rien par soi-même.

Ce qui est théoriquement intéressant, c'est de savoir si telle ou telle idée est en nous *a priori*, à titre de don de la Providence ou de bonne Dame Nature, ou si toutes nos idées sont le fruit de « l'expérience ».

Un prince guerrier de l'Allemagne féodale, — j'ai oublié son nom, — a dit : « L'homme n'a que deux maîtres : la nature et l'expérience. » Il aurait pu dire l'expérience tout court, car la nature est le fait brutal et l'expérience est notre façon de la voir, de l'interpréter.

A l'exemple de Kant, qui s'est efforcé de démontrer le caractère d'*a priori* des notions de temps et d'espace, on semble admettre qu'il y a dans la mentalité humaine une *moralité innée*, des germes d'idées qui tendraient à persister en dépit même des influences défavorables.

Je ne vois pas très bien ce qui pourrait exister dans la tête de l'enfant à sa naissance. Il semble n'avoir, à sa venue dans le monde, que des instincts, des sensualités, des besoins matériels. Ce serait bien osé de dire qu'il a déjà des idées, et surtout des idées aussi complexes que *la soif d'harmonie* ou *le besoin de justice* ; en tous cas, ce ne serait qu'une soif d'harmonie organique, qu'un besoin de se sentir bien dans sa peau.

Mais dès les premiers jours de la vie commence l'éducation, l'éducation par l'expérience sensible, par les sensations de bien-être et de mal-être dues à des influences physiques : chaud, froid, impressions sensorielles modérées ou trop vives pour la sensibilité du système nerveux. Dès le premier vagissement, ces sensations ont une influence sur la mentalité naissante, et l'on comprend qu'une succession d'impressions pénibles puisse modifier le caractère de l'enfant, créer une disposition chagrine qu'on surprend si souvent chez les petits ayant souffert de maladies ou de mauvais traitements ; cette tache est parfois indélébile. Qui nous dit que cette éducation par les sens ne commence pas avant la naissance, dans le sein maternel, où déjà le fœtus peut trouver des conditions défavorables à l'établissement de son bien-être et subir des impressions pénibles ?

Peu à peu, par l'expérience personnelle, et plus tard, quand il est en état de comprendre, par l'expérience des autres, l'enfant arrive à de nouvelles notions ; il sort de sa mentalité animale pour former son âme humaine, accessible aux conceptions abstraites, à l'idée morale. Il acquiert la notion de l'espace en voyant devant lui les objets, l'étendue qu'ils occupent ; il se forme celle du temps en observant la succession des faits ; il apprend à connaître le monde ; il cherche avant tout ce qui lui est agréable et évite ce qui lui cause du déplaisir. Jouissant de la bonté des autres, d'une mère, d'une nourrice, il arrive à la notion de *bonté*, qu'il apprécie, justement, d'une façon tout égoïste. La notion de *justice* s'impose plus tard à lui, toujours au point de vue personnel, quand il a ressenti le mal que lui cause l'injustice.

Même dans sa conception trop étroite de la « morale

de l'intérêt personnel », Épicure a pu dégager sans peine la notion de justice. « Le droit naturel, dit-il, n'est autre chose qu'un pacte d'utilité, dont l'objet est que nous ne nous lésions point réciproquement et que nous ne soyons pas lésés. Chacun, en se protégeant contre autrui, a protégé autrui contre soi. »

Il y a là une sorte de « contrat social » tacite. Cette notion est accessible au plus vulgaire bon sens, alors que Rousseau a dû se donner beaucoup de mal pour l'exposer en termes scientifiques.

L'enfant n'a pas besoin d'une analyse philosophique, impossible à son âge, pour asseoir cette donnée sur un impeccable raisonnement. La logique fait naître de la répulsion pour l'injustice par le seul fait qu'on l'a éprouvée ou qu'on devine la souffrance qu'elle fait subir. Il n'y a pas d'association d'idées plus simple que celle par contraste ; l'idée de justice fait surgir celle d'injustice. Comme dit Rousseau dans l'*Émile*, « le premier sentiment de justice ne nous vient pas de celle que nous devons, mais de celle qui nous est due ».

C'est ainsi que nous créons, sans l'aide des psychologues, des concepts moraux qu'ils ont quelque peine à expliquer par la voie des syllogismes. Il y a des choses qui sont si simples qu'elles perdent à être analysées, et cela, non parce que ce sont des notions *a priori*, mais parce qu'elles sont le fruit de constatations immédiates et que la loi en découle tout naturellement. Il en est de même de certaines notions scientifiques. Nos mathématiciens commencent l'algèbre par la proposition : Toute quantité est égale à elle-même. — L'esprit de l'enfant est souvent ahuri par cette affirmation savante, car il a déjà constaté le fait ; il lui paraît si banal qu'il ne voit pas l'utilité de l'exprimer ; d'ailleurs, la proposition est plus facile à admettre qu'à démontrer.

Les notions de justice, d'harmonie, sont tout aussi simples ; elles dérivent du désir de bien-être, et il faudrait être dénué de tout esprit de généralisation pour ne pas comprendre que la jouissance que nous désirons pour nous est également désirable pour tout le monde. Nous oublions, dans la vie, cette solidarité, parce que nous portons le regard trop sur nous-mêmes ; mais il nous est facile de reconnaître la légitimité des sentiments altruistes qui engendrent l'idée de justice.

De même qu'il n'y a pas de pensée volontaire, échappant à ce que j'ai appelé *le déterminisme de la pensée*, pas d'acte qui ne soit *déterminé* par les motifs, il n'y a pas lieu d'admettre des notions innées, constituant un élément primordial de conscience morale.

La conscience existe plus ou moins développée en chacun de nous ; elle serait, je l'ai dit, bien insuffisante si elle n'était constituée que par ce noyau hypothétique

que l'on persiste à réclamer. Notre conscience se compose de toutes les notions morales que nous devons à l'expérience. Quelques-unes se développent très vite et très tôt; elles dérivent directement de la vie sensuelle. D'autres sont plus compliquées et ne peuvent être saisies que par le lent développement de l'esprit humain, sous l'influence de l'expérience adulte plus complète, plus raffinée, transmise par les éducateurs de tout genre, religieux ou philosophes. C'est l'attrait qui a poussé ces derniers à la réflexion plus profonde et les a amenés à une vue plus claire des choses; infatigables chercheurs, ils mettent à notre disposition les pépites qu'ils trouvent sur leur chemin.

Cette conscience morale se complète pendant toute la vie par un apport d'idées nouvelles, par la correction d'idées anciennes. Nos vues éthiques se précisent ou changent, et, à un certain âge, nous sommes souvent étonnés de ce que nous avons pu faire autrefois en toute tranquillité d'âme. C'est que notre moi se transforme peu à peu dans le cours de notre existence.

Les concepts moraux acquis dès les premières années de la vie, complétés ou modifiés par l'expérience ultérieure, constituent ce que j'ai appelé » les bandes directrices ». C'est à elles que se heurtent les représentations mentales qui se précipitent sur nous par la voie des cinq sens ou les réminiscences d'excitations antérieures. J'ai montré le caractère nécessairement contingent et indépendant de nous de ces chocs primaires déterminant le mouvement continu de notre pensée.

On a dit que l'idée du déterminisme s'impose à notre esprit quand on examine objectivement les actions des hommes ; mais on oppose à cette vue raisonnable l'expérience interne, qui nous donne, au contraire, la sensation de liberté.

Cette illusion est inhérente à une analyse purement subjective de nous-mêmes. L'homme se sent évidemment libre quand il peut, sans entraves venant des autres ou résultant d'une maladie avérée, suivre la pente de ses désirs, soit qu'il obéisse par goût, — je ne puis dire par volonté, — aux mobiles de la sensibilité, soit qu'il préfère se soumettre aux motifs de la raison.

Il méconnaît l'esclavage interne qui résulte des continuelles variations de notre bien-être physique et mental, et surtout il ne perçoit pas comme contrainte la poussée des motifs puisqu'ils naissent en lui-même et déterminent son désir. Il définit précisément comme liberté cette obéissance et oublie qu'on ne pense pas *ce que l'on veut*, mais *ce que l'on peut*.

Je l'ai dit, la pensée n'est pas spontanée ; elle succède à l'excitation toujours fortuite. Le déterminisme de la pensée implique celui des actes, car ceux-ci sont l'aboutissant obligé des représentations mentales.

L'homme accomplit des actes ou a tout au moins l'intention de les accomplir. Ce sont ces intentions d'actes que les philosophes, qui ont leur langue à eux, ont appelées des *volitions*. On en a conclu qu'il y a en nous une force, un pouvoir libre, et on a fait de *la volonté* une faculté de l'âme, comme on l'a fait de la mémoire.

La comparaison n'est pas exacte. La mémoire est un fait biologique ; c'est la faculté de garder une impression, un résidu d'excitation antérieure. La cellule cérébrale est capable de céler une image comme la plaque photographique impressionnée par la lumière. La mémoire dépend si bien de la constitution même du cerveau qu'elle ne peut guère être développée. Celui qui dès l'enfance a mauvaise mémoire n'en aura jamais une bonne ; il pourra apprendre beaucoup de choses, dépasser même ceux qui sont mieux doués, mais il sera obligé de consacrer plus de temps et d'attention à l'étude.

La volonté, elle, n'est pas une faculté. Dans la longue courbe qui commence par une représentation mentale fortuite et, après mille hésitations, après tout un travail de délibération, aboutit à l'acte, la volonté n'est qu'un point mathématique, qui indique le passage à une volition finale, à l'acte-résultat. C'est notre désir ultime que nous décorons du nom de volonté.

Tout le monde saisit sans peine l'idée de ce déterminisme. Il n'est hostile à aucune conviction métaphysique, à aucune foi religieuse. C'est une simple question de psychologie, qui n'a en aucune façon la prétention de résoudre les problèmes de l'au-delà. Aussi ne s'y oppose-t-on jamais par le syllogisme ; ce serait, en effet, peine perdue. Mais on réclame la liberté comme condition primordiale de la responsabilité ; on la postule comme fondement de la morale.

Obligés de reconnaître le déterminisme dans la plupart des circonstances de la vie, les partisans du libre arbitre en viennent à qualifier de *relative* la liberté humaine ; ils rétrécissent toujours plus le piédestal sur lequel repose l'auguste statue de la liberté ; depuis longtemps, elle semble juchée sur la pointe d'une aiguille.

La liberté n'est pas possible dans un être fini, appelé à l'existence sans l'avoir désiré, borné dans la durée de ses jours, incapable d'arriver à la perfection, toujours dépendant du milieu où il vit, de ces influences multiples, formatrices, qui agissent sur son corps et sur son esprit et qu'on peut qualifier d'éducatives.

Sans doute, l'adoption de l'idée si rationnelle du déterminisme entraîne des modifications dans la conception de *la responsabilité*. C'est heureux, car on emploie ce mot à tort et à travers, sans voir ce que recouvre cette banale étiquette. Il faut distinguer.

Toute responsabilité doit avoir sa sanction. Quels sont donc les genres de responsabilité que nous pouvons concevoir?

La première, qui saute aux yeux, c'est la responsabilité pénale, celle que nous impose la société par mesure de défense personnelle; qu'elle soit juste ou non, nous sommes forcés de nous y soumettre aussi longtemps que les prescriptions pénales ont force de loi.

Il peut paraître étrange, à première vue, d'infliger un châtiment à celui qui a commis un acte mauvais, alors que le déterminisme ne voit dans cet acte que la résultante d'une succession d'événements, les uns extérieurs, les autres intimes; il semble qu'il n'y ait qu'à se croiser les bras en déplorant ces cruelles fatalités. On oublie que le châtiment est un nouveau motif de la raison, qu'on introduit dans la mentalité du sujet pour orienter sa vie mentale et pour empêcher d'autres âmes de s'égarer à sa suite. Ce n'est pas une œuvre de vengeance, je le répète, c'est une influence éducative que doit poursuivre la société. Ces notions ont déjà pénétré dans tous les milieux, même dans ceux qui se refusent, par une fausse compréhension des choses, à admettre la conception déterministe. C'est à elles que nous devons les œuvres pour le patronage des détenus libérés, les efforts faits pour l'éducation des jeunes délinquants, les lois sur la libération conditionnelle et celle du pardon, qui doit couronner cette pensée charitable. Les difficultés pratiques d'application ne doivent pas décourager quand on a bien compris l'idée-mère : le déterminisme de la pensée et celui de l'acte.

Dans la conception théiste, on peut reconnaître une seconde responsabilité : celle qui nous mettra en présence d'un juge souverain. Alors il est seul juge, et c'est une outrecuidance de notre part de vouloir deviner ses décrets et de faire subir au coupable non encore jugé la peine de notre mépris.

Il y a, enfin, une troisième responsabilité toute personnelle, et sa seule sanction est le mal que nous nous faisons à nous-mêmes. A voir les résultats immédiats d'un acte coupable, on pourrait parfois trouver que les délinquants en jouissent ou que leur punition n'est pas suffisante. Cette considération ne devrait inquiéter que les athées, car les croyants en appellent en dernier ressort à une haute cour d'immuable justice. Je pense, du reste, que les jouissances des coupables ne sont nullement enviables ; désirerions-nous être à leur place ?

C'est assez de ces trois responsabilités, toutes doublées de leur sanction ; elles valent bien la responsabilité tout court dont on parle toujours, sans dire ce que l'on entend par là.

L'ÉDUCATION

L'ÉDUCATION est fondée tout entière sur l'idée du déterminisme. Elle a, en effet, toujours pour but de faire accepter par le sujet des idées qui détermineront sa conduite ultérieure. Mal dirigée, elle renforce les mobiles de la sensibilité et rend l'individu esclave de ses passions ; orientée dans le sens de l'éthique, elle élève ces barrières morales qui, s'interposant entre l'idée malsaine et l'acte, empêchent de faire le mal ; elle développe la conscience. C'est encore un esclavage, au point de vue psychologique, mais un esclavage utile puisqu'il contribue à notre bonheur et à celui des autres.

Nous sentons la chaîne à laquelle nous sommes attachés quand ceux qui nous guident nous font prendre une direction contraire à notre désir intime présent, et nous nous plaignons de cette violence faite à nos sentiments. Nous nous considérons comme libres aussitôt que nous sommes menés dans la direction que nous avons désirée : c'est ce qu'exprime très bien Guyau[1] quand il dit ; « Un chien tenu en laisse par son maître, mais dont le maître désirerait précisément aller partout où veut aller le chien et aussi vite que lui, se croirait parfaitement libre. » Le jeune homme qui n'a pas encore éprouvé l'attrait de la vertu se regimbe contre les conseils d'un Mentor ; il s'indigne d'être enchaîné et ne voit pas que les conseils qu'on lui donne, s'ils restreignent évidemment sa liberté, sont un bien pour lui. Mais, quand il aura la clairvoyance morale, un autre désir, celui du bien, s'éveillera en lui ; il se mettra à sa poursuite, et quoique toujours tenu en laisse par l'idée qui s'est emparée de lui, il aura le sentiment que la chaîne est détendue ; il se fera l'illusion de la liberté, comme le chien qui, guidé par un attrait, suit exactement son maître ; si, dans son ardeur, il le dépasse, il croira entraîner son maître, devenir son conducteur. Esclave d'abord de ses passions, l'individu devient esclave de l'idée morale.

C'est la considération du but éthique à atteindre, pour le bien de l'individu et de l'humanité, qui fait établir la distinction entre les deux esclavages : celui du mal et celui du bien ; on oublie trop souvent ce dernier dans cette

1. *Éducation et hérédité.* Étude sociologique, par M. Guyau. Félix Alcan, Paris, 1889.

analyse psychologique. C'est pourquoi, dans le langage ordinaire, on déclare esclave celui qui obéit à ses impulsions passionnelles, égoïstes, et qu'on considère comme liberté suprême l'obéissance à des principes moraux. « Faites-vous *l'esclave* de la philosophie et vous jouirez de la vraie *liberté* », disait Épicure ; et Schiller répétait : « L'homme moral est le seul vraiment libre. » Et dire que la plupart des hommes s'imaginent l'être !

Il ne s'agit pas pour nous d'être libres, mais bien de trouver la bonne voie, comme un touriste qui cherche à escalader un sommet désiré. Il cherchera son chemin en profitant de toutes ses expériences personnelles ; il recueillera des renseignements auprès de ceux qui l'ont précédé, et quand il l'aura trouvé, il ne dira pas : « Je veux le prendre » ; il le prendra. C'est ce qu'exprimait élégamment une intelligente malade en disant : « La volonté tombe passivement dans l'ornière que lui creuse la raison. »

L'homme ne fait pas le mal volontairement ; il s'égare, comme le pensait si justement Socrate, et toute l'éducation a pour but de lui montrer le bon chemin. Soyez sûrs que s'il ne le prend pas, c'est qu'il doute encore de l'exactitude de vos indications ; il lui paraît peut-être le plus court, mais pas le plus agréable : affaire de goût.

Le caractère *déterministe* de l'éducation se montre clairement quand cette éducation recourt à *l'autorité*, sous toutes ses formes ; il serait ridicule de parler de la liberté de l'enfant qu'on élève au bien à coups de bâton, de la liberté de penser de celui à qui on impose une opinion. Ce sont là des méthodes d'orthopédie morale encore fort usitées dans des milieux qui se réclament du libre arbitre, et on ne semble pas s'apercevoir de l'antinomie qu'il y a entre ces deux notions : autorité et liberté.

La liberté n'est pas plus grande, psychologiquement parlant, quand nous cédons à des suggestions quelconques. Il suffit d'avoir assisté à des séances d'hypnotisme ou de suggestion à l'état de veille, de savoir que 97 pour 100 des gens sont aptes à subir ces influences en vertu de leur crédulité, pour apprécier justement la liberté de jugement de l'homme.

La persuasion par les arguments les plus logiques ne laisse pas plus de liberté vraie à l'individu. Elle n'impose rien, c'est vrai ; elle dit même expressément : Vous êtes libres, écoutez-moi, appréciez les motifs. Mais, si l'idée qu'on soumet au sujet est acceptée par lui, — et cette acceptation ne dépend pas de sa *volonté*, mais de sa *faculté de compréhension*, — elle devient impérieuse, tyrannique, et entraîne le sujet avec d'autant plus de force qu'il est plus convaincu. Si, au contraire, il résiste à la dialectique du maître, c'est qu'il ne comprend pas à fond l'idée qui lui est soumise ; elle ne trouve pas place dans des casiers déjà occupés ; il demeure l'esclave de son opinion antérieure. Nous savons tous combien il est pénible de sentir cette résistance de la mentalité d'autrui, quand nous pensons lui rendre service en lui faisant partager nos vues.

L'éducation par les procédés persuasifs est la seule qui respecte la liberté *apparente* de l'individu, qui lui soumette les motifs en le laissant apprécier leur valeur selon ses moyens intellectuels.

Tout procédé qui recourt à l'autorité est mauvais dans son essence, alors même qu'il aurait l'avantage d'amener un résultat rapide et utile. La fin ne justifie jamais les moyens. Une idée aussi nous prend au collet et nous fait obéir tout autant que le fouet, encore que ce soit plus agréable. Ce n'est pas non plus parce qu'elle vient des autres que la contrainte de l'autorité est détestable, car les idées qui nous mènent nous viennent aussi des autres, de nos parents, de nos maîtres, comme les claques qu'ils nous ont peut-être données. Mais ce qui est mauvais dans l'autorité, c'est qu'elle ne développe pas notre clairvoyance, notre perspicacité.

Ce dont nous avons besoin dans la vie, ce n'est pas de la volonté que tant de gens prétendent avoir, alors qu'ils ne sont que *volontaires*, c'est-à-dire esclaves de leurs impulsions ; c'est de *l'intelligence* qu'il nous faut. Spinoza a gravé cette idée dans ces mots : « L'intelligence et la volonté ne sont qu'une seule et même chose. »

Celui qui a bien saisi cette formule comprend aussitôt toute la question du déterminisme, car l'intelligence est un don, de Dieu ou de la Nature, comme vous voudrez ; n'est pas intelligent qui veut. C'est pourquoi il est aussi absurde de reprocher à quelqu'un sa laideur morale que de lui faire un crime de ses infirmités physiques.

On donne à ce mot *intelligence* un sens trop restreint quand on qualifie d'intelligents ceux qui ont montré certaines aptitudes intellectuelles ; il faudrait spécifier dans quelle branche de la connaissance humaine ils ont mérité cette distinction, aussi banale que les décorations.

Le mot latin *intelligere* veut dire *comprendre*. Or on voit tous les jours des gens qui, passés maîtres dans le domaine de la science, des arts, de la politique, ne *comprennent* pas et sont, au point de vue éthique, des idiots ou des faibles d'esprit. Il leur manque précisément l'intelligence la plus nécessaire, celle qui fait des hommes ; ils n'ont, hélas, que celle, plus brillante aux yeux du monde, qui fait des savants, des artistes, des hommes d'État, souvent aussi des escrocs de génie.

Le but de l'éducation que nous donnons aux autres ou que nous recevons d'eux devrait être, avant tout, de former cette *intelligence morale*, qui nous permet de discerner le bien et le mal et d'éclairer notre marche dans le chemin de la vie, bordé de fondrières.

Toutes les autres formes d'intelligence sont inférieures. Elles peuvent procurer à ceux qui les possèdent des avantages personnels, en faire jouir les autres et contribuer par conséquent à l'établissement de ce bonheur, contingent et toujours précaire, qu'on résume sous le nom de « bienfaits de la civilisation ». Point n'est besoin d'être grand clerc pour constater que tout cela n'est pas *le bonheur*. Ces intelligences brillantes, mais fragmentaires, font souvent tant de mal moral que le bien qu'elles apportent ne le compense pas.

Nous avons assez d'écoles de tout genre, qui nous donnent des connaissances générales et spéciales et qui peuvent faire de nous d'excellents techniciens dans toutes les branches de l'activité humaine; il nous faudrait une école pour former des hommes.

En écrivant ces mots, je me vois assailli, en pensée, par une foule d'adeptes des religions existantes, qui me crient: « Mais elle existe, cette école: c'est l'Église. » Je reste un peu embarrassé de choisir en face de toutes ces bonnes gens qui ne voient le salut que dans une religion d'autorité.

Je ne repousse nullement leur aide et ne doute pas de leurs excellentes intentions. Je suis même convaincu que l'application de la morale du Christ aurait amené sur la terre ce bonheur convoité. C'est ce que disait M. Omer Joly de Fleury dans son fulminant réquisitoire contre le livre *De l'Esprit* : « Quels hommes seraient plus heureux que les chrétiens s'ils se réglaient, en tout, sur la morale de l'Évangile ; alors quelle douceur dans les mœurs, quelle cordialité dans le commerce de la société, quelle règle, quelle honnêteté, quelle justice dans toutes nos actions ![1] » Eh oui, ce serait très beau, mais j'avoue humblement n'être pas émerveillé du résultat obtenu au bout de dix-neuf cents ans ; j'ai le sentiment profond que Jésus, s'il revenait sur cette terre, se voilerait la face en contemplant la chrétienté qui se réclame de lui ; peut-être sa douleur ne s'accroîtrait-elle pas beaucoup en visitant ceux qu'on appelait de son temps les Gentils.

Et puis, le respect de l'autorité s'en va. J'en faisais l'observation à un excellent père jésuite : « Vous passez, lui disais-je, pour les plus habiles de tous les religieux ; vous me disiez même que vous ne craignez pas les lois sur les congrégations parce que vous avez su arranger d'avance vos petites affaires.

— C'est vrai, me répondit-il avec une expression de sa-

1. *L'âme ou le système des matérialistes soumis aux seules lumières de la raison*, par l'abbé ***. Avignon, 1759.

tisfaction non dissimulée, nous avons cette réputation de savoir-faire.

— Eh bien, savez-vous que je vous trouve très maladroits ?

— Comment cela ?

— Mais, parce que votre rôle devrait être de maintenir votre troupeau intact, rassemblé, et, quoique vous vous donniez toute la peine des chiens de berger, je vois vos brebis vous échapper et s'éparpiller au loin.

— C'est vrai, répliqua-t-il avec un sourire un peu amer, on ne nous aime pas, et dans ma propre famille, cependant très croyante, j'ai à me faire pardonner mon entrée dans l'ordre. »

Le bon prêtre de village a certes une influence meilleure sur ses ouailles ; j'en vois cependant beaucoup qui se plaignent de prêcher dans le désert ; il y en a encore trop qui recourent à l'autorité, menacent des peines éternelles, sans y mettre l'esprit du curé de Cucugnan.

Cette impuissance de l'Église à agir sur certaines âmes a été bien reconnue par une religieuse, la sœur Marie du Sacré-Cœur, quand elle dit : « Un grand nombre de personnes que nous élevons à l'idée religieuse se détournent de nous dans le cours de la vie, sous l'influence des contagions sociales, et elles abandonnent avec les dogmes la morale qui y était attachée. Si donc nous voulons agir sur ces âmes, il nous faut instituer des cours de morale rationnelle. »

C'est, en effet, à ceux qui ne peuvent pas accepter l'ensemble des dogmes de la religion que paraît s'adresser avant tout l'éducation morale rationnelle, fondée sur l'expérience de tous transmise à tous. Mais cela ne veut pas dire que les chrétiens puissent s'en passer. Lors même qu'ils acceptent une morale dictée d'En-haut, révélée, qu'ils la fondent sur la foi, il leur faut, pour pouvoir l'appliquer, comprendre l'utilité de ces préceptes, soit pour leur bonheur relatif sur cette terre, soit pour acquérir les félicités éternelles. Les voilà donc obligés de *comprendre* aussi ; il leur faut l'intelligence éthique.

C'est cette nécessité du contrôle de la raison qu'ont très bien vue Channing et, avec lui, les Unitaristes américains. Tout en restant chrétien, il admet que la révélation et la raison, données toutes deux à l'homme pour le conduire, sont nécessairement d'accord et ne peuvent jamais se contrarier ; toutes deux, suivant sa comparaison, sont une même lumière, avec la différence de l'aurore au midi ; l'une est la perfection et non l'opposition de l'autre ; elle l'achève et ne la renverse pas. Il accepte les dogmes à condition qu'ils puissent recevoir l'assentiment de la raison. — Même pour ceux qui ne peuvent s'élever jusqu'à ce rationalisme chrétien, il reste évident que la morale peut être fondée sur la raison et qu'un parfait accord pourrait s'établir, au point de vue de la conduite de la vie, entre ceux qui ont la foi religieuse et ceux qui cherchent leur appui dans la philosophie. Signe des temps : il s'est fondé, dernièrement, une « société de libres penseurs et de libres croyants ».

Je dirai que pour s'élancer dans la vie, il faut partir d'une plate-forme qui supporte l'effort de notre élan. Les chrétiens la suspendent au ciel par les chaînes d'une dogmatique ; je ne nie pas qu'elle puisse servir d'appui aux rares personnes assez douées moralement pour vivre vraiment de la vie chrétienne. Ceux qui ne croient pas édifient cette plate-forme sur une large base, sur les solides assises de la raison. Je n'ai pas de motif pour admettre, *a priori*, que cet édifice soit plus fragile. Il y a eu, du reste, assez de rationalistes vertueux pour qu'on ait inventé l'expression osée de « saints laïques ».

C'est donc uniquement par l'influence persuasive, en montrant la voie du Vrai, du Beau et du Bien, que nous pouvons agir sur les autres ; ils doivent recourir aux mêmes moyens pour faire notre éducation. Malheureusement, le résultat de cette éducation voulue n'est pas toujours celui que nous attendions ; elle se heurte, en effet, à bien des obstacles.

Comme la semence jetée sur un terrain mal préparé, l'idée morale avorte, elle aussi, dans des mentalités faussées par l'hérédité et l'atavisme. Bien plus, des influences éducatrices fortuites s'exercent subrepticement, de même que des circonstances météorologiques imprévues agissent sur une plante et déconcertent l'éleveur.

On prend le mot *éducation* dans un sens beaucoup trop restreint quand, toujours pour sauver la liberté, on objecte : « Mais regardez donc, voilà deux jeunes gens bien doués tous deux et qui ont reçu dans la famille, à l'école et par l'Église la même éducation, et pourtant l'un est un charmant garçon et l'autre un mauvais sujet. » On en veut à ce dernier, comme s'il avait volontairement fermé aux excellents conseils qu'on lui a donnés les oreilles de son entendement.

On commet ici la même erreur que le jardinier qui dirait : « Voilà deux plantes que j'ai semées dans le même terrain, que j'ai cultivées avec le même soin ; l'une s'est bien développée, et l'autre est une coquine qui n'obéit pas. »

Entre ces deux frères, qui semblent au premier abord si éloignés, il y a peut-être moins de différence morale que nous ne pensons, et il aurait suffi de quelque circonstance fortuite pour intervertir les rôles.

A côté de l'éducation voulue, dirigée, il y a une foule

d'influences secrètes qui agissent dès le premier jour de la vie et peuvent orienter le sujet sur une mauvaise voie. Nous les subissons tous les jours, ces influences, plongés que nous sommes dans le milieu ambiant, exposés à la contagion de tous ces microbes du vice qui pullulent dans l'air moral que nous respirons et nous sont inoculés par la parole, par le livre et, surtout, par l'exemple. Il en est de l'éducation comme des précautions que nous prenons pour éviter à nos enfants les maladies contagieuses, telles que la scarlatine ou la rougeole. Parfois nous croyons avoir réussi, jusqu'au jour où l'un d'eux nous revient avec la rougeole, alors que son frère, assis sur le même banc d'école, est épargné.

Sans doute, l'éducation qu'on nous donne intentionnellement fait beaucoup pour notre développement ultérieur; mais n'oublions pas les influences matérielles et morales qui s'exercent à notre insu. J'ai dit qu'elles peuvent, dès la vie fœtale, agir sur le caractère de l'enfant, l'orienter dans la voie de la tristesse, de la maussaderie.

Au moment où j'écris ces lignes, je reçois d'un praticien français la petite observation suivante: « Deux enfants que j'ai connus naquirent à onze ou douze mois l'un de l'autre. On choisit à la naissance du premier une excellente nourrice; l'enfant vint bien, s'éleva sans difficultés, et les parents s'émerveillaient de ce gros garçon frais, rose, toujours riant, et qu'on n'entendait jamais crier. — Vint le second; la nourrice avait été si bonne que les parents jugèrent ne pouvoir mieux faire que de lui confier l'allaitement du cadet; mais les seins épuisés ne suffisaient plus; l'enfant faisait de vains efforts et, souvent affamé, criait tout son soûl; la diarrhée s'en mêla, et les cris de l'enfant ne furent que plus aigus. — Voyez, disaient les parents, quel mauvais caractère a ce petit drôle! On l'élève comme son frère, il a la même nourrice, et autant l'autre était gentil et ne nous donnait aucun embarras, autant celui-ci est grognon et maussade. — La conclusion était toujours : Quel sale caractère! »

Qu'on ne croie pas qu'il s'agisse ici d'un cas rare, de parents peu intelligents; c'est un exemple typique de ce qui se passe sous des formes diverses, dans les familles, dans les crèches, dans les établissements de bienfaisance les mieux organisés. Sans doute, s'il y a chez un enfant un état de maladie bien caractérisé, on trouvera toujours de bonnes âmes pour le soigner; mais s'il est maussade sans qu'on en surprenne la cause, malheur à lui. On n'aime pas les enfants qui crient, qui ont l'air chagrin, repoussent les caresses; l'affection va tout naturellement à celui qui est joufflu et surtout riant. Il est difficile, même à une mère, d'éviter ces préférences, alors qu'une sympathie plus vive devrait envelopper précisément le moins bien partagé. Ces préférences aggravent l'état d'âme du petit souffreteux ; bientôt elles éveillent les sentiments de jalousie, et la déformation morale s'accentue. Nous sommes injustes envers ceux que nous devrions protéger parce que nous oublions *qu'ils sont ce qu'ils peuvent être*. Nous nous flattons d'être charitables à leur égard, alors que nous n'avons songé égoïstement qu'au déplaisir qu'ils nous procurent. Combien plus durs sommes-nous encore pour les adultes, qui n'exercent plus sur nous le charme fascinateur de l'enfance !

Par d'autres voies, ce sont des contagions qui s'exercent subrepticement. Un mot prononcé devant un enfant à un moment de réceptivité psychologique peut réduire à néant toute notre orthopédie morale. Tenons toujours compte de ces causes multiples et puissantes de déformation et ne jetons jamais la pierre à celui qui est sorti du droit chemin.

Il faudrait dans cette éducation réciproque un tact exquis ; il a sa base logique dans l'indulgence plénière que comporte l'idée déterministe et dans le culte constant de l'Idéal moral.

L'éducation que nous recevons des autres n'est, en somme, que le premier degré, l'école enfantine. Pendant les années où l'intelligence est insuffisamment développée, la persuasion logique ne peut être rigoureuse et un brin d'autorité s'immisce forcément dans cet enseignement. Il faut en mettre le moins possible, d'autorité ; elle n'éduque vraiment que si elle est complétée plus tard par le conseil qui fait voir à l'élève où se trouve le bien ; il le recherchera tout seul dès qu'il en subira l'attrait.

A l'âge de raison commence l'éducation la plus efficace : *l'éducation de soi-même.*

Mais encore ici faut-il s'entendre.

De même qu'il n'y a pas de pensée libre, il ne peut y avoir une éducation de soi-même vraiment libre. Il nous est impossible de *vouloir* penser, de *vouloir* travailler par nous-mêmes, pour enfanter une idée nouvelle. Nous ne pouvons que développer l'acquis, approfondir des idées qu'on nous a inculquées. L'éducation par les autres, c'est la leçon du maître ; l'éducation de soi-même, c'est le travail personnel à la maison ; il s'exerce sur les données d'un enseignement antérieur. Ce n'est qu'une répétition, et si parfois nous y ajoutons quelque chose qui n'était pas contenu dans la leçon, nous utilisons pour cela des notions fournies par d'autres ou tirées de l'expérience, notre maître à tous.

Ce travail de développement, l'élève ne le fait pas volontairement, dans un parti pris d'une volonté souveraine ; il ne peut se livrer à cette étude toujours plus sérieuse qu'en vertu de l'attrait que fait naître le sujet, attrait qu'on ne se donne pas, mais qu'on subit par le fait même de la culture antérieure.

Pour se mettre avec zèle à étudier le piano, pour s'exercer en dehors des leçons, il faut avoir éprouvé l'attrait de cette étude, se plaire à ce travail pour avoir supputé les avantages que nous en retirerons. Alors, mais seulement alors, notre attention se fixe sur les conseils du maître et nous prenons plaisir à les suivre. Mais qu'ils sont nombreux, ceux qui n'arrivent pas à reconnaître l'attrait et abandonnent cette étude ! Il en est de même de la culture morale. On nous en donne les bases, comme pour la musique. Mais où sont les élèves zélés qui continuent leur éducation ? Hélas, les déserteurs sont nombreux. C'est qu'ils n'ont pas goûté l'attrait ; ils sont comme le gamin qui aimerait mieux courir les bois et ne se met qu'en bâillant au piano qu'il déteste. N'est-ce pas souvent parce que le maître a dégoûté l'élève ?

L'éducation de soi-même n'est donc pas volontaire, spontanée ; nous ne nous y livrons que quand nous avons découvert l'attrait qui s'attache à ce travail de perfectionnement intime. Elle ne diffère de l'éducation par les autres que parce que nous nous adressons la parole à nous-mêmes. Attirée par le charme, notre attention s'est fixée ; la pensée reçue des autres se précise, se développe. Notre avoir se complète des intérêts accumulés, comme un capital à la caisse d'épargne ; il y a des gens qui préfèrent laisser leurs économies dans le bas de laine.

C'est encore une illusion de notre esprit que considérer l'éducation de nous-mêmes comme active, comme le résultat d'un vouloir. Elle est passive, en ce sens qu'elle est née d'une impulsion reçue que nous ne suivons que si nous y prenons plaisir. Quand une idée ne nous dit rien, elle perd son caractère d'idée-force et le mouvement s'arrête.

Les idées morales naissent si naturellement par l'expérience qu'elles ont surgi dès les débuts de la pensée humaine ; c'est pourquoi nous n'ajoutons rien d'absolument nouveau au capital éthique que nous ont légué les siècles. Obéissant aux associations d'idées modernes, nous exprimons les mêmes pensées sous d'autres formes, nous choisissons dans la vie actuelle les images qui doivent donner du relief à l'idée ; mais, si l'on y regarde de près, nous habillons de nouveaux falbalas l'éternelle poupée.

Des idées nouvelles, une nomenclature spéciale, ne surgissent que quand il y a un fait nouveau, resté inconnu à nos prédécesseurs. C'est ce qui arrive dans le domaine scientifique, où l'expérience, le plus souvent fortuite, nous ouvre de nouveaux horizons. Ainsi les découvertes de l'électricité, des rayons Roentgen, du radium, ont fait naître des mots nouveaux étiquetant de nouvelles conceptions. Aussi suffit-il de quelques années pour démoder un traité de physique.

Les idées morales, au contraire, restent les mêmes à travers toute la civilisation, et, si nous éliminons des écrits anciens les quelques allusions qui leur donnent la couleur locale, nous trouvons absolument modernes et applicables à notre siècle les idées de Socrate, comme celles d'Épictète, de Sénèque et de Marc-Aurèle.

Dans ce domaine de la pensée éthique, les hommes sont restés les mêmes, et l'éternelle lutte entre les adeptes d'une dogmatique et les rationalistes est résumée déjà dans cette parole de l'esclave stoïcien : « Pourquoi ne ferions-nous pas par raison ce que les Galiléens font par routine? » Il ajoutait une critique, qui serait à sa place aujourd'hui comme au premier siècle de l'ère chrétienne, quand il accusait les chrétiens de ne pas mener une vie conforme à leurs doctrines. Je crois qu'Épictète, parcourant notre monde civilisé, ne retrancherait rien à cette juste remarque.

C'est précisément parce que l'homme ne pense pas ce qu'il *veut*, mais ce qu'il *peut*, que l'éducation doit s'efforcer de l'éclairer, de lui montrer le chemin de ce bonheur intime qui réside dans la satisfaction de sa conscience éclairée.

Celui qu'auront touché dans sa sensibilité morale les

enseignements de son enfance subira l'attrait puissant de ces états d'âme ; ses associations d'idées se feront tout naturellement dans ce cercle ; sa pensée se fixera, obsédée, sur cette tâche de perfectionnement éthique. Il vivra dans l'enthousiasme du bien, soit qu'il s'appuie sur une croyance religieuse qui satisfait ses aspirations vers un au-delà, soit qu'il cherche à trouver son chemin par la voie de la raison. On a accusé d'orgueil les rationalistes de tous les temps. Le reproche serait justifié s'ils prétendaient avoir trouvé par eux-mêmes la vérité unique, l'avoir inventée. Leur rôle est plus modeste : ils n'ont fait que recueillir l'héritage des générations antérieures et y ont pris ce qu'ils pouvaient comprendre, aimer. On ne saurait exiger d'un homme autre chose que cette adhésion aux idées qu'on lui soumet ; il a le droit de les examiner à la lumière de sa raison, fût-elle même défectueuse, car c'est la seule lanterne qu'il ait pour aller à la recherche de la vérité.

Un père jésuite espagnol a parfaitement compris le déterminisme résultant de *l'attrait* qui s'attache à une idée. Dans son livre[1], il parle de « l'estime que nous devons faire des choses spirituelles ». Après avoir dit

1. *Pratique de la religion chrétienne*, du R. P. Alphonse Rodriguez, de la C. de J., 1615, traduit de l'espagnol par l'abbé Regnier-Desmarais.

que la sagesse que nous devons désirer, c'est la perfection chrétienne, il ajoute : « C'est là le meilleur moyen que nous ayons pour arriver à la perfection, parce que le progrès que fera cette estime dans notre cœur sera la mesure de notre avancement spirituel. La raison de ceci est que nous ne *désirons* les choses que selon que nous les *estimons*; d'autant que la *volonté étant une puissance aveugle,* qui ne fait que suivre ce que l'entendement lui propose, l'estime qu'il fait d'un objet devient nécessairement la règle de nos désirs. »

CLAIRVOYANCE MORALE

La seule liberté dont jouisse l'homme, c'est de pouvoir *réagir* sous l'influence d'une idée, de pouvoir *obéir* soit aux mobiles de sa sensibilité, c'est-à-dire à ses passions, soit aux motifs de la raison. Cette obéissance est consentie, et c'est pourquoi nous la qualifions de libre ; mais cet assentiment dépend de notre mentalité innée et acquise. Pour lutter contre les entraînements passionnels, nous avons besoin, non d'une inutile liberté, mais d'un ensemble de vues morales qui fassent pencher la balance mentale du bon côté. Il faut que la petite tête pensante que nous supposons placée au bout de l'index ait un regard clair, une vue nette de ce qui est le bien et de ce qui est le mal.

L'éducation seule, dans son sens le plus étendu, peut nous donner cette *clairvoyance morale* qui, dans la conception déterministe, remplace la notion de *volonté*. Il faut voir le chemin avant de s'y engager. Cette éducation de la conscience morale se fait ou par notre propre expérience sensible et morale ou par celle des autres. Elle commence par la réceptivité aux enseignements de nos éducateurs, jusqu'à ce que notre culture soit suffisante pour nous permettre le travail dit personnel. Cette culture continue nous amène, non à la liberté, mais à la *maîtrise de nous-mêmes*, c'est-à-dire à un bienfaisant *esclavage* vis-à-vis des sentiments moraux qui se sont imposés à notre esprit. C'est ici qu'on pourrait parler d'un impératif catégorique, non pas natif et réduit à un imperceptible noyau de conscience, mais acquis et solidement établi sur la connaissance. Dans cette noble idée du déterminisme moral, l'immortel Guyau a pu dire : « Celui qui n'agit pas d'après ce qu'il pense, pense incomplètement. »

J'ai noté, en analysant le déterminisme de la pensée, que toute représentation mentale d'un acte entraîne immédiatement l'accomplissement de cet acte s'il n'est pas empêché par une représentation mentale contraire. C'est là un fait psychologique directement constatable, mais dont l'expression doit être complétée. Pour que l'idée aboutisse à l'action, il faut que la représentation mentale allume un *désir*. L'idée pure, intellectuelle, n'est pas motrice ; elle ne le devient que par l'adjonction d'un élément émotionnel, passionnel. Alors seulement elle devient *idée-*

force, selon la juste expression de Fouillée, *sentiment, passion*, selon le langage populaire.

C'est là ce que de très grands esprits n'ont pas vu, tant nous sommes habitués à admettre une différence fondamentale entre *la raison* et *le sentiment*, à méconnaître le lien qui les unit. Écoutez Pascal, ce neurasthénique mystique, qui écrivait si bien et pensait si souvent incomplètement : « La conversion de l'homme est empêchée par sa paresse, ses passions, son orgueil, en un mot, par l'amour de soi. Il ne faut pas prétendre vaincre ce sentiment par une *idée* ; une passion ne cède qu'à une passion. »

Oui, certes, une passion ne cède qu'à une passion, un sentiment ne cède qu'à un sentiment ; on ne saurait mieux dire. Mais comment Pascal n'a-t-il pas vu que toutes nos passions, sauf celles qui sont purement animales (faim, soif, désirs génésiques, besoin de bien-être physique), sont des *idées devenues sentiments* à force de s'être imposées à notre entendement ! La passion que Pascal voulait opposer aux passions humaines, à l'égoïsme toujours renaissant, c'était la passion religieuse, c'est-à-dire une idée qu'il avait rendue chaude à force de se l'être martelée en tête.

C'est vrai, l'homme n'agit pas directement sous l'empire de ses idées ; il est mû par ses sentiments. Il faut que l'acte ait un attrait pour lui, et s'il s'agit d'une idée complexe, d'une conception morale, il faut qu'il s'enthousiasme pour elle, qu'il en devienne l'apôtre. Nous sommes parfois en présence de l'idée éthique comme en face d'une beauté féminine classique ; nous restons froids, vis-à-vis de ce corps de déesse, de ce port élégant, de ce nez grec ; nous ne nous amourachons pas. Faisons plus ample connaissance et nous reconnaîtrons des qualités de grâce, des dons de l'esprit et du cœur. Ce n'est peut-être pas le coup de foudre, mais c'est plus durable, et nous voilà enchaînés.

C'est ainsi qu'une idée s'empare de nous et nous tient solidement dans ses griffes. Dans un article sur Brunetière, M. Lamy montrait l'illustre critique dans sa marche vers le christianisme, « conduit par sa logique comme un prisonnier par sa chaîne ». L'expression est juste ; elle démontre l'esclavage où nous sommes vis-à-vis de notre pensée, de notre logique personnelle, qui n'est pas toujours celle des autres. Celle de Brunetière, faite d'autorité et de traditionalisme, le ramenait à Rome ; celle de beaucoup d'autres les en éloigne tout aussi impérieusement.

J'ai laissé échapper plus haut, par habitude, l'expression « qualités du cœur ». Nous voilà de nouveau en face d'une gousse vide, d'une de ces étiquettes qui ne correspondent plus au contenu.

Dès le début de sa vie psychique, l'homme s'est aperçu que certaines pensées provoquaient un mouvement émotionnel, en particulier, l'étrange sensation du cœur gros, de l'angoisse précordiale. Il a vu cet organe, pompe aspirante et foulante destinée à entretenir la circulation du sang, s'associer à nos joies comme à nos douleurs, et, dans son langage primesautier, il a aussitôt relégué les sentiments dans le cœur et les idées dans la tête.

L'image est poétique et, comme telle, mérite d'être conservée ; mais il ne faut pas prendre comparaison pour raison.

Les sentiments ne naissent pas dans notre cœur, qui a de tout autres fonctions ; ils s'éveillent dans notre esprit, sous la froide forme d'une représentation mentale, d'une image. Isolée, cette idée pourrait ne pas produire l'orage émotionnel ; mais aussitôt les associations d'idées surgissent, réveillent des idées déjà emmagasinées dans la mémoire, et les appareils physiologiques se mettent en branle, décelant l'émotion psychique. Une corde isolée d'un instrument peut vibrer seule et produire un son peu intense ; mise en vibration au milieu d'autres cordes convenablement tendues, elle transmet son mouvement, et c'est un accord que nous entendons ; il nous empoigne plus que le son unique.

Il en est ainsi de la vie de l'esprit. Des idées peuvent se succéder innombrables dans notre tête ; ce sont des cordes isolées qui vibrent successivement; elles ne provoquent aucun mouvement émotionnel. C'est ce qui arrive généralement dans le travail scientifique, malgré l'abondance d'idées que remue notre esprit. Nous restons froids malgré un travail intellectuel intense.

Nous lisons une lettre, et rien ne nous émeut tout d'abord au milieu de cette succession d'idées. Soudain, nous croyons saisir un reproche sous l'expression qui a voulu être bienveillante et nous rougissons, notre cœur a battu plus vite. C'est que l'idée qui a surgi en a réveillé de nouvelles ; l'ébranlement d'une corde s'est transmis à d'autres et le son a gagné en intensité.

C'est par ce réveil de représentations mentales antérieures devenues déjà sentiments, parce qu'elles nous sont habituelles et touchent avant tout à notre amour-propre, que se produit le phénomène de l'émotion. Elle commence par une idée à laquelle d'autres s'enchaînent ; elle finit par les troubles physiologiques : pâleur, rougeur, larmes, battements de cœur, serrement à la gorge ou à l'estomac, insomnie, etc.

Il y a entre l'idée intellectuelle froide et le sentiment chaud la même différence qu'entre la sensation tactile simple et la sensation douloureuse, qui, elle aussi, s'accompagne de phénomènes physiologiques analogues.

L'excitation des nerfs périphériques devient douloureuse quand elle dépasse une certaine limite, et cette sensibilité physique varie d'un individu à l'autre. S'il y a des douleurs intenses qui provoquent chez tous les sujets des réactions analogues, il y en a d'autres qui sont spéciales à certaines personnes. Il en est de même de l'émotion ; tel événement, qui laisse indifférent notre voisin, nous met au comble de l'agitation, et souvent nous ne réussissons pas à arrêter cette vibration, alors même que nous la reconnaissons intempestive et disproportionnée à la cause qui l'a produite. C'est que nous n'obéissons pas seulement aux représentations mentales actuelles, aux arguments logiques momentanés, nous subissons avant tout le joug de nos sentiments antérieurs, des idées tassées au tréfonds de notre personnalité. Elles ont été intellectuelles aussi dans leur temps ; elles sont devenues sentiments parce qu'elles satisfaisaient nos plus intimes aspirations. Il n'y a donc pas entre le sentiment et la raison l'antinomie que se plaisent à signaler les poètes, les moralistes, voire même les psychologues, et surtout ces êtres impressionnables qu'on appelle « les nerveux ». Le cœur n'a pas « de raisons que la raison ne comprend pas ». Ce qui est vrai, c'est que l'homme n'a pas toujours la raison assez perspicace, ne pense pas complètement et laisse éclater l'orage émotionnel, alors qu'une réflexion plus juste et plus prompte eût pu l'empêcher. C'est par cette vue claire des choses que nous nous opposons à l'émotion naissante, comme nous arrêtons la vibration d'un verre en le touchant du doigt. Il vaudrait encore mieux ne pas la laisser naître.

Beaucoup de mes malades, dont l'émotivité est le défaut principal, se présentent à moi en me disant : « Mes sentiments forment un groupe à part et ma raison subsiste à côté d'eux ; il y a entre ces deux compartiments des cloisons étanches, qui ne permettent pas à ma raison de faire de l'ordre dans mes sentiments. » Je leur réponds : « Vous vous trompez ; il n'y a pas de sentiments primaires ; ils sont tous liés à une représentation mentale d'ordre intellectuel, accessible à la critique de la raison. Aussi y a-t-il une *logique des sentiments* ; ils ne doivent pénétrer dans notre âme et y persister que quand ils ont reçu l'assentiment de la raison. Votre tendance à séparer ces deux domaines équivaut à l'affirmation si banale et si vaine : C'est plus fort que moi. — Ce n'est pas dans cet état d'esprit qu'on arrive à la victoire. »

Nous ne pouvons opposer à nos passions que des *idées*, mais il faut qu'elles soient assez claires pour nous saisir et nous emporter ; alors elles deviennent sentiments, passions, et nous agissons automatiquement sous cette impérieuse injonction.

Ces idées directrices, qui doivent nous servir de guide, nous ne les choisissons pas volontairement dans ce qu'on a appelé *la volonté d'indifférence*; notre choix est déterminé par nos sympathies, disons, par notre goût moral.

En face du cortège d'idées qui défilent continuellement devant nos yeux, nous sommes comme un prince que l'on veut marier et à qui on présente quelques jeunes filles. On lui dit gracieusement : Vous êtes libre, choisissez. — On oublie qu'on ne lui en a présenté qu'un certain nombre, du même monde, que le choix est forcément restreint. Laquelle va-t-il choisir? — Eh bien, celle qui lui plaira le mieux. Se laissera-t-il subjuguer par un joli minois ou par le magot d'un laideron? Agira-t-il sous la contrainte morale du père, qui ne le laisse libre qu'en paroles? — Eh, cela dépend de sa mentalité, et tout prince qu'il est, il n'a échappé ni aux effets de l'hérédité ni aux suggestions de son éducation.

Il y a des gens qui ont vraiment de la chance dans ce bas monde. Ils sont nés dans un milieu moralisant, ont été élevés à la douceur, à la bienveillance, par l'affection de leurs parents, par le discours et par l'exemple, plus puissant encore; ils ont appris à connaître ces idées morales et en ont compris la beauté, les avantages. On a su faire leur éducation avec cette adresse que donne la sincérité, sans leur imposer le choix. Les contraintes extérieures ont disparu et l'individu ne cède plus qu'à ses sympathies personnelles ; il se sent libre. Quoi d'étonnant s'il épouse ces idées aimées, s'il marche dans la vie guidé par elles ?

D'autres gens ont eu les mêmes avantages et ont mal choisi ; comme un fils de famille débauché auquel on présente d'honorables fiancées et qui leur préfère une coquine, ils dédaignent les vertus. Peut-être les a-t-on habillées en quakeresses un peu sévères, peut-être sont-ils incorrigibles, anormaux, incapables de goûter les charmes les plus réels.

D'autres, enfin, n'ont pas été élevés avec cette sollicitude ; mais, semblables à ces jeunes gens qui manquent de connaissances dans le monde féminin et trouvent cependant une charmante épouse, ils s'éprennent de vertu sans qu'on les y pousse.

C'est ainsi que l'un s'égare, malgré toutes les influences éducatives favorables qui semblaient avoir agi sur lui, tandis que l'autre trouve tout seul la bonne voie.

L'éducation ne doit rien imposer, car la contrainte fait naître l'opposition ; elle peut proposer, présenter des idées, en démontrer les avantages, faire naître l'amour pour elles, sans les suggérer avec une insistance déplaisante.

Dans l'éducation de nous-mêmes, nous ressemblons à l'épouseur qui, rentré chez lui, revoit par la pensée les fiancées qu'on lui a proposées, surprend dans l'image de l'une d'elles des charmes nouveaux, découvre chez une autre des qualités plus sérieuses. Nous nous amourachons aussi d'idées qu'on soumet à notre jugement ; nous leur sommes, hélas, bien souvent infidèles ; il faudrait que, le choix fait, cet amour pût grandir et le lien devenir indissoluble.

L'éducation de nous-mêmes, quand elle réussit, nous lie à un *Idéal* de bien. Nous pouvons emprunter ces idées directrices à un corps de doctrines, obéir à une religion que nous admettons révélée, à ces lois morales que Le Play appelait un « Décalogue éternel ». Il y a encore beaucoup de gens qui ont besoin de l'autorité, qui aiment à se courber devant elle autant qu'à l'imposer aux autres. Inutile de dire que je n'en suis pas.

Nous pouvons aussi construire cet Idéal par la pensée, par un attachement croissant aux conceptions qui nous paraissent bonnes, utiles à nous-mêmes, aux autres, à l'humanité.

L'Idéal, c'est l'idée poussée jusqu'à l'infini ; nous procédons à l'établissement de ce concept comme le mathématicien qui trace une ligne finie sur le tableau et nous invite à la considérer comme infinie, en supposant qu'elle se continue toujours.

Il n'est personne au monde, si déshérité qu'il soit, qui n'ait éprouvé les bienfaits de la bonté d'une mère, d'un ami, d'un être humain quelconque, peut-être seulement d'un chien fidèle. Dès ce moment, il a la conception de cette vertu. Il lui est facile de s'imaginer quelqu'un qui serait meilleur que ce bienfaiteur et, derrière cet autre, un être meilleur encore. Ce « toujours meilleur » nous mène tout droit à l'infini, à l'idéal de la bonté. De la même manière, nous concevrons l'idéal d'autres vertus dont nous aurons reconnu la beauté, et c'est de ces lumières réunies que se composera le phare de notre Idéal.

Hélas, nous le laissons souvent s'éteindre, ce phare que nous devrions soigneusement entretenir, rendre toujours plus lumineux en y ajoutant l'idéal de quelque autre vertu. Il y a des vertus dont nous ne reconnaissons pas immédiatement la beauté ; c'est ainsi que l'humilité est peu appréciée, la chasteté, ridiculisée. Il faut une certaine maturité de l'esprit pour arriver à la patience, à l'indulgence ; ce ne sont pas là vertus de jeunesse. La plus grande faute de l'homme, c'est de rabaisser son Idéal, alors qu'on ne saurait jamais le placer trop haut. Ce n'est pas un but à notre portée, c'est une étoile au firmament qui guide notre marche. Sans doute, nous nous égarons souvent, nous oublions de porter le regard sur l'astre qui doit nous diriger; mais il est toujours là : levons la tête! N'allons pas nous décourager et, pour nous faciliter la tâche, prendre pour guide un objet plus près de nous, un feu follet qui va s'évanouir, la lumière d'une maison prête à s'éteindre, un voyageur qui ne connaît pas le chemin.

On ne transige pas avec une vertu; avec ce ciel-là, il n'est pas d'accommodements. Cet Idéal semble manquer aux générations présentes. La foi s'en va, étouffée sous le fatras des superstitions; elle n'enflamme que quelques âmes isolées chez lesquelles l'éducation a développé le traditionalisme; elle s'associe volontiers à d'autres dogmatismes, au fidèle attachement à des formes politiques surannées, à un ordre social immuable; elle est l'idéal des natures foncièrement conservatrices, perdues dans ce siècle agité où tout est remis en cause, où le doute corrode toutes nos idées. Il résulte un indicible malaise de cet état d'âme transitoire, et il faut, pour notre bonheur, que nous revenions à une foi, c'est-à-dire à un enthousiasme.

Quelques rares penseurs gardent un vaillant optimisme religieux et espèrent qu'après bien des égarements, les brebis viendront docilement se mettre sous la houlette. Leur montre me paraît être en retard, comme celle de ce grand littérateur, mais esprit faux, que fut Brunetière. Il ne faut pas oublier les millions d'âmes que la Réforme a détachées de Rome, ces nations prospères qui ont trouvé dans l'éducation d'elles-mêmes, dans une religion de l'esprit, le plus ferme soutien. Il ne faut pas se faire illusion sur la religiosité des masses restées extérieurement fidèles ; l'Église autoritaire ne les a dressées qu'à une obéissance apparente. Elle a développé chez elles, non des besoins religieux, mais des habitudes cultuelles sans influence moralisante. Il est plus facile de se soumettre à des rites, d'aller à la messe ou au sermon, de faire maigre ou de jeûner, que de changer son cœur et d'être aujourd'hui meilleur qu'on ne l'était hier.

Ce qu'il faut à l'homme, c'est une foi dans un Idéal de beauté morale, un attachement toujours plus complet à des vues éthiques contribuant à lui donner le bonheur sur cette terre, non pas ce bonheur contingent dépendant des circonstances, mais le bonheur intime, qui résulte uniquement de l'harmonie toujours plus complète entre la conduite et l'aspiration idéale.

On parle dédaigneusement de cette morale utilitaire qui consiste dans la recherche du bonheur. Or ceux-là mêmes qui raillent seraient incapables de citer un acte de leur vie qui n'ait pas été accompli sous l'influence de cet indéracinable désir.

Une morale qui ne serait pas *utilitaire* risquerait fort d'être une morale *sans utilité* et sans force. La critique qu'on adresse à cette morale indépendante serait juste si l'intérêt personnel était son guide. Or il faudrait être aveugle pour fonder la morale sur l'égoïsme ; mais c'est là un mot sur le sens duquel il faut s'entendre avant de se chamailler.

ÉGOÏSME ET ALTRUISME

Il y a un égoïsme qu'on ne saurait trop recommander : c'est *l'altruisme.*

Lorsque ce mot quelque peu barbare vint remplacer celui de charité, un pasteur protestant, peu charitable pour ceux qui ne pensaient pas comme lui, crut terrasser le rationalisme en disant : « L'altruisme n'est qu'un égoïsme perfectionné. » Il ne voyait pas combien il disait vrai et comme cette définition s'applique à la charité même. C'est qu'en effet, nous ne pouvons sortir de notre peau et qu'en dernier ressort tout retombe sur notre moi. Il y a une préoccupation de soi-même, une véritable jouissance, jusque dans le sacrifice ; aussi n'a-t-on jamais vu les peintres religieux donner aux martyrs l'expression de la banale souffrance ; ils ont illuminé de joie leurs yeux levés au ciel.

La parole : « Il est plus agréable de donner que de recevoir » montre combien l'esprit populaire saisit cette notion de la jouissance dans l'accomplissement du bien.

« C'est donc bien bon d'être honnête », fait dire Hector Malot à un de ses gavroches ; c'est bien bon, en effet, et c'est pourquoi il y a encore tant de braves gens dans toutes les classes sociales, et surtout dans le peuple qui peine et qui aime.

Il n'est pas jusqu'à la plaisanterie qui n'ait illustré cette pensée quand elle attribue ce mot à un avare : « La charité est un plaisir dont il faut savoir se priver. » Eh bien, non, il ne faut pas s'en priver; il faut en jouir, boire jusqu'au fond cette coupe qui n'a pas de lie.

On fait une étrange confusion en opposant l'égoïsme à l'altruisme. La Rochefoucauld a flagellé justement l'égoïsme des hommes, mais il a exagéré en le recherchant avec acuité dans les actes les plus honnêtes. Il est, en effet, facile de retrouver partout cette ultime préoccupation de soi-même ; mais c'est une erreur d'y voir un amour-propre de mauvais aloi.

L'égoïsme, dans le sens blâmable, consiste à ne penser qu'à soi. L'altruisme nous fait penser aux autres, à toute l'humanité, nous compris; nous ne pouvons rechercher le bien de tous sans créer le bonheur pour nous. Il pourra être mêlé de souffrances; il sera le bonheur de notre moi le plus intime.

Il y a dans la vie de tous les jours une foule d'occasions où nous pouvons nous abandonner sans scrupules à l'égoïsme le plus complet : c'est quand notre acte ne concerne que nous-mêmes et n'a aucune importance pour le bien-être matériel ou moral des autres. Mais, dans ce domaine de l'égoïsme permis, nous pouvons être appelés à renoncer à un plaisir parce qu'il entrave la liberté de nos semblables.

Dans la famille, nous devons des égards aux autres, et déjà le cercle de nos préoccupations s'agrandit, s'étend à un certain nombre d'êtres aimés. Il y a de l'altruisme dans ce sentiment, mais ce qui domine, c'est l'égoïsme à deux ou l'égoïsme familial, qui est à peine meilleur que l'amour de soi ; le cercle est encore trop petit. En perfectionnant notre pensée, nous arrivons à nous préoccuper de parents plus éloignés, de nos amis, de notre classe sociale, de la ville que nous habitons, de notre pays. Par cercles concentriques, la pensée altruiste s'étend de plus en plus et crée l'esprit de solidarité envers toute l'humanité. L'idée reste concrète malgré son extension ; elle s'applique au monde réel que nous connaissons. Enfin, elle s'élève à l'abstraction et aboutit à l'idée du bien et à celle du mal.

Le bien, c'est ce qui, fait par tout le monde, contribuerait au bonheur de tous ; le mal, c'est ce qui, fait par tous, détruirait ce bonheur.

Cette définition me paraît conserver sa valeur quelle que soit la conception que l'on se fasse de ce bonheur, qu'on le recherche ici-bas ou dans l'au-delà.

Dans l'examen de soi-même, rien n'est plus difficile que de bien reconnaître la nature des sentiments qui nous font agir, de savoir si nous obéissons à une pensée égoïste ou si nous entrons dans la voie de ce constant altruisme si nécessaire à notre bonheur.

Nos affections, pour naturelles et légitimes qu'elles soient, ne sont pas toujours aussi nobles qu'elles en ont l'air. L'amour que chantent les poètes est très loin de cet idéal moral, et un poète allemand a pu dire avec raison : « L'amour est la poésie de l'égoïsme. » Loin de moi la pensée de médire de cette passion ; mais qu'on ne se trompe pas sur son origine animale, sur le caractère félin de ses caresses, et qu'on n'en fasse pas une vertu. Elle l'est si peu que dans ses exagérations, maladives il est vrai, elle mène directement au crime, à la morsure, au meurtre impulsif de l'être aimé.

L'amour maternel est le plus pur ; il se traduit par le sacrifice, par un complet oubli de soi-même. Cela ne diminue en rien sa valeur de constater qu'il est instinctif, automatique, qu'il dérive d'une sensibilité commune aux bêtes et à l'homme. Aussi le voit-on survivre chez des personnes dénuées par ailleurs de tout sentiment altruiste.

Il n'a pas suffi de ce sentiment si touchant pour moraliser l'espèce humaine, et l'amour filial, qui est sa réciproque, a pu persister sans créer l'esprit de solidarité, qui seul pourrait répandre le bonheur.

Il est curieux de voir combien de personnes se trompent sur la nature des sentiments qu'elles éprouvent à l'égard des autres et méconnaissent complètement l'égoïsme qui en est la base. C'est ainsi qu'une jeune fille qui devait faire une cure d'isolement et dont la mère, épuisée par les soins qu'elle lui avait prodigués pendant de longs mois, espérait jouir de quelque repos me pria de rappeler incontinent celle-ci. Quand je lui demandai pourquoi elle allait la faire revenir, elle répondit : « Oh, c'est que je l'aime tant ! » Belle manière, en vérité, de manifester son amour pour sa mère que troubler un repos dont elle a un besoin urgent. La malade aurait dû dire : « Je n'ai pas encore le courage de me passer de ma mère. » J'aurais excusé ce sentiment sans l'approuver ; elle fut, au contraire, étonnée que je ne voulusse pas reconnaître le caractère altruiste de ses préoccupations.

Il y a des gens qui semblent se faire gloire des larmes qu'ils versent, des lamentations qu'ils clament, à l'occasion de la mort d'une personne aimée ; ils font parade de leur deuil. Je ne prétends pas qu'ils doivent garder les yeux secs, mais ils pourraient reconnaître que cette douleur a une origine purement égoïste. Ce n'est pas sur les morts, qui ne peuvent plus souffrir, que nous nous apitoyons, c'est sur nous-mêmes, sur l'isolement dans lequel nous entrons. C'est aussi naturel et légitime que de pousser un cri quand nous éprouvons une douleur ; mais ne faisons pas une vertu de ce sentiment dans lequel il n'y a ni stoïcisme courageux, ni altruisme, ni bonté.

Il en est souvent de même de la pitié. Pour être saine, elle doit être utile, nous grandir, nous suggérer promptement les moyens de soulager ceux qui souffrent. La pitié qui nous amollit, nous plonge dans une vaine émotion et nous empêche d'agir est une faiblesse. C'est cette lamentable pusillanimité qu'on observe si souvent chez les névrosés, qui ne peuvent lire le récit d'un accident sans être pris de terreurs puériles. Il y en a qui se font un mérite de cette sensibilité, comme si elle était l'expression d'un amour pour les autres.

Un monsieur affligé de phobies diverses : peur des microbes, des cambrioleurs, de la mort, qui avait toujours le regard fixé sur sa chère personne, me disait : « J'ai beaucoup souffert lorsque j'appris la catastrophe de la Martinique ; je suis si sensible au malheur des autres que j'ai dû renoncer à lire ces descriptions. — Et vous croyez, lui dis-je, avoir obéi là à un sentiment d'altruisme? — Mais oui, que serait-ce d'autre? — Pardon, ce n'était que de la vulgaire « frousse ». Vous avez une peur continuelle de la mort, vous craignez les moindres malaises ; le récit de ce malheur n'a fait que réveiller vos affres, en vous rappelant la fragilité de l'existence humaine, de la vôtre avant tout ; gageons que vous n'avez pas donné un sou pour les victimes de ce cataclysme? — En effet, répondit-il en souriant, je n'y ai pas songé. »

Soumettons nos apitoiements à la critique de la raison et nous reconnaîtrons facilement l'égoïsme toujours vivace au milieu de nos douleurs en apparence altruistes. Cela ne veut pas dire que nous puissions toujours résister à ces émotions, qu'elles soient en elles-mêmes blâmables. Nous avons le droit de pleurer ceux que nous perdons, de souffrir avec les autres ; nous ne pouvons pas toujours empêcher la crainte de s'emparer de nous ; mais nous devons avouer aussi qu'il n'y a rien de fortifiant dans cet émoi et que, le premier moment de surprise passé, nous devrions nous occuper du seul but à atteindre : soulager ceux qui souffrent, au lieu de leur donner le spectacle de notre affolement.

Que dirait-on d'un médecin, d'une sœur de Saint-Vincent de Paul, qui dans une ambulance, un jour de combat où les blessés arrivent en masse, se mettraient à sangloter au lieu de faire leur devoir? Nous sommes dans la vie comme sur un champ de bataille ; les souffrances pleuvent autour de nous ; c'est par milliers que nous recueillons les blessés de la vie. Séchons les inutiles larmes et pansons les plaies avec un sourire réconfortant pour ceux qui souffrent. Ce n'est pas là une tâche réservée aux seuls médecins ; tout le monde doit participer à cette œuvre charitable ; elle est réciproque, et nous en avons tous besoin.

La même confusion s'établit dans notre esprit au sujet de la conception du devoir. Nous le remplissons souvent dans un esprit de maussaderie, comme l'enfant qui fait ses devoirs à contre-cœur.

Quand on a compris l'essence du suprême devoir, il s'accomplit avec joie ; il fait naître dans notre âme le plaisir, et c'est précisément cette appétence qui nous engage à le remplir, malgré les sacrifices qui peuvent en résulter pour nous.

Une dame douée d'une intelligence supérieure et d'une belle âme me disait un jour : « J'ai une amie dont le plus intime désir a toujours été d'entrer en religion. Son père étant mort et sa mère restant seule pour élever de nombreux enfants, cette personne renonça bravement à sa vocation pour seconder sa mère dans sa tâche. — C'est très bien ce que vous me racontez là ; voilà une jeune fille qui a choisi la bonne voie. — Eh bien, continua mon interlocutrice, elle souffre cruellement du sacrifice qu'elle a fait. — Alors, je n'y comprends plus rien du tout. Si vous m'aviez dit qu'il y a eu un déchirement le jour où elle a pris sa résolution, si vous m'aviez décrit les luttes morales qu'elle a traversées pendant la période de délibération, j'aurais saisi sans peine cet état d'âme. Mais, une fois le sacrifice consommé, il n'y a plus de place pour la souffrance ; votre amie s'est fait une conception erronée du devoir ; elle n'en a pas apprécié la douceur. »

Mon interlocutrice ne semblait pas encore convaincue de la justesse de mon observation. Elle me comprit quand je pris un exemple plus simple, plus démonstratif :

« Vous devez aller ce soir au bal et vous en réjouissez depuis longtemps. Au moment de votre toilette, votre mère tombe sérieusement malade. Vous voilà forcée de rester auprès d'elle, de la soigner. Sans doute, c'est un contre-temps, et personne n'exigerait de vous que vous n'en soyez pas un instant marrie. Mais vous avouerez qu'il serait aussi très naturel que votre pensée se portât sur votre mère, dans un sentiment très doux, celui de la sympathie. Comme je vous connais, je serais bien étonné qu'il n'étouffât pas l'autre. A cette condition seulement, votre mère pourra accepter le sacrifice et s'abandonner à votre aide filiale. Si elle voit que vous souffrez encore, que vos pensées sont au bal, que vous jetez un regard triste sur vos atours, elle souffrira elle-même, et elle pourra vous dire : Va au bal ; je me contenterai d'une garde-malade. — Serez-vous heureuse au bras de votre danseur ? »

Le devoir, si pénible qu'il soit, si douloureux que puisse être le renoncement initial, doit être accompli joyeusement ; dès qu'il est consenti, toute souffrance disparaît, comme quand pour un enfant on remplace par un plaisir plus grand et plus durable une jouissance à laquelle il a dû renoncer. Sans doute, dans le cours d'une vie consacrée au devoir, des hésitations peuvent survenir et réveiller les souffrances du renoncement ; c'est alors la délibération qui recommence. Quand nous avons réussi à faire notre choix, la tranquillité doit renaître.

L'idée du devoir n'est pas complète, pas comprise, aussi longtemps qu'il s'y mêle la moindre idée de corvée. Nous ne pouvons jouir d'un sacrifice fait pour nous quand nous sentons qu'il n'est pas fait de bon cœur.

Il est vraiment curieux que la conception du devoir joyeux soit aussi peu répandue. La plupart des gens ne l'accomplissent qu'avec un visible effort, si maussadement que celui qui est l'objet du sacrifice préfère se passer de cette étrange manifestation de sympathie.

On retrouve ici cette courte vue de l'homme, qui ne sait pas prolonger sa pensée, la pousser jusqu'à la limite de l'Idéal. Il s'arrête à la considération de sa propre personne, étend parfois son affection à ceux qui le touchent de près ; il ne sait pas assez s'élever par la pensée rationnelle qui engendre le sentiment, la passion, jusqu'à l'altruisme embrassant dans un commun amour toute créature animée. Comme un enfant qui ne saisit que les exemples simples, il pratique assez facilement l'altruisme quand l'avantage qui en résulte pour lui saute aux yeux. Ainsi, dans une société restreinte poursuivant un but coopératif, il sait renoncer à un avantage personnel, apporter sa quote-part, songer au bien de la société, car il voit clairement qu'il sera appelé à jouir des bénéfices communs.

Ne serait-il pas possible de généraliser cette vue, de l'appliquer au bien-être moral comme aux avantages matériels, de tracer autour de soi des cercles toujours plus grands, oubliant, pour ainsi dire, que nous en formons le centre ?

La religion et la philosophie se lancent mutuellement à la face le reproche de mettre des raisons personnelles, égoïstes, à la base de leurs efforts vers le bien.

Le stoïcisme est, dit-on, comme l'épicurisme, une manifestation égoïste. Avec une vaillance doublée d'orgueil, il supprime la souffrance en la méprisant ; c'est un moyen commode, pour les forts, de se procurer la tranquillité.

D'autre part, on répond aux chrétiens : Vos préoccupations sont tout aussi égoïstes. D'abord, vous ne paraissez nullement dédaigner le bonheur en ce monde, et, tout aussi orgueilleux de posséder l'unique vérité, vous pratiquez votre religion, dans ce qu'elle a de facile, pour vous ménager une bonne petite place au ciel et pour éviter les peines éternelles.

Il y a de l'injustice dans ces jugements, car il faut distinguer. Il peut y avoir un vulgaire égoïsme dans les deux conceptions ; toutes deux aussi peuvent s'élever au plus noble altruisme.

L'égoïste, chrétien ou philosophe, ne songe qu'à lui. Qu'il recherche ici-bas des avantages matériels ou moraux ou qu'il les attende dans un autre monde, le mobile d'action reste un intérêt personnel ; si c'est une morale, elle est bien terre à terre, car elle est commune à l'homme et à l'animal, qui, lui aussi, peut obéir à l'attrait d'une récompense et à la crainte d'un châtiment.

L'indélébile appétence du bonheur ne devient altruiste que quand l'homme recherche la réalisation de ses aspirations dans un ardent amour pour les autres, quand il trace le cercle autour de l'humanité tout entière. Il ne peut être en dehors de ce cercle ; il en fait nécessairement partie, et il n'y a pas d'égoïsme dans cette constatation.

Le philosophe agnostique trace ce cercle d'amour autour de l'humanité ; il y englobe son Idéal abstrait de Bonté infinie ; il s'oublie dans cette préoccupation altruiste, tout en sachant, par la raison, qu'il ne laissera pas d'en bénéficier.

Le véritable chrétien pense de même, mais en doublant sa notion d'Idéal par celle d'un Dieu personnel, qu'il aime de toutes ses forces.

Sans ce constant esprit de solidarité, la religion comme la philosophie restent platement égoïstes, quels que puissent être les soi-disants sacrifices, renoncements multiples aux biens du monde, par lesquels on croit acheter le bonheur présent ou futur. La moralité n'est alors qu'apparente, ne se manifeste que dans les vaines pratiques. C'est ce qui me faisait dire à une excellente dame qui n'avait pas encore pensé à fond : « Vous êtes plus bigotte que religieuse. » Elle répondit en souriant : « Vous me répétez en propres termes ce que me disait récemment mon directeur spirituel, un intelligent père jésuite. » — « Allons, tant mieux, nous sommes d'accord. »

Toute morale reste donc utilitaire, — c'est ce qui la fait désirable, — mais elle ne s'applique plus à l'individu isolé, à un petit groupe d'égoïstes, elle embrasse le tout et devient *la morale de la solidarité.* Elle se résume dans ces deux principes rationnels, presque mathématiquement démontrables : « Ne fais pas aux autres ce que tu ne voudrais pas qu'on te fît », et dans son corollaire naturel : « Fais aux autres ce que tu voudrais qu'on te fît. »

Elle est admirablement condensée dans la parole du Christ : « Aime ton prochain comme toi-même », ou comme dit Marc-Aurèle : « Aime les hommes de tout ton cœur. »

On le sait, on le dit, on le répète, mais on ajoute : « C'est très beau, mais c'est impossible. » Autant vaudrait alors ne pas le reconnaître.

Sans doute, c'est difficile, et ce serait se faire une étrange illusion que d'espérer une réalisation prompte de cet Idéal moral ; nous en sommes si loin malgré dix-neuf siècles de christianisme que nous paraissons nous en être éloignés. Mais on ne peut modifier la mentalité des masses qu'en s'adressant aux individus, en réveillant chez eux les sentiments altruistes, et le bon sens étant la qualité maîtresse de l'intelligence humaine, c'est à la raison qu'il faut s'adresser, sans se laisser décourager par sa faiblesse ; elle se cultive, cette raison, et il n'y a pas d'obstacles qui empêchent à tout jamais le développement de l'intelligence morale. Elle est science, c'est-à-dire connaissance, dans sa théorie ; elle est art dans la pratique, comme toute science appliquée.

PENSÉE MÉDITATIVE

Il n'est pas nécessaire d'inciter l'homme à penser. A supposer qu'il dorme huit heures, il pense sans interruption pendant seize heures ; dans le sommeil, il rêve encore à ce qui a fait antérieurement le sujet de ses préoccupations.

On en serait parfois à désirer un instant de repos pour cette machine mentale toujours en mouvement. Le cœur, cet esclave condamné à frapper, jour et nuit, pendant toute une vie ses coups réguliers, pourrait inspirer la pitié; mais au moins il ne sent pas; comme l'animal domestiqué, il n'a pas conscience de sa misère. L'âme, hélas, se sent penser. Quand elle est dans la tristesse, elle s'apitoie sur son propre sort; quand elle jouit, elle ternit la joie du présent par le regret du passé et par la crainte de l'avenir. Notre pauvre cerveau n'a pas la vie facile, et ce qui m'étonne, ce n'est pas qu'il y ait tant de « détraqués », c'est que notre tête résiste à ce roulement continu d'idées, aux émotions qui l'accompagnent, à cette activité fiévreuse et souvent désordonnée.

Il faut vivre, gagner sa vie; aussi la pensée de l'homme se concentre-t-elle avant tout sur son activité professionnelle. Dès le réveil, le souci de l'existence s'empare de lui et le pousse au travail. Les rues se peuplent de gens affairés, les uns soucieux, paraissant n'accepter leur tâche que comme une corvée, les autres plus dispos, allant au travail comme à un plaisir.

C'est qu'il renferme en lui-même des jouissances, ce travail; il satisfait des aspirations ambitieuses, des goûts artistiques, des sentiments altruistes de devoir. Il s'y mêle la bienfaisante habitude, qui rend l'activité toujours plus facile et diminue la fatigue.

Dans les moments de relâche où l'homme échappe à sa corvée journalière, il redevient enfant et s'amuse d'un rien. Il court à perdre haleine pour voir passer quatre hommes précédés d'un tambour, se joint à un attroupement qui regarde dans la rivière sans rien voir d'inusité; il est friand de n'importe quel spectacle, de jouissances matérielles; il banquette, se grise, flirte ou joue. Sa journée se partage entre le travail nécessaire et le délassement, souvent puéril, parfois coupable. Les mieux doués sont aristocrates dans leurs plaisirs; ils s'intéressent aux beaux-arts, aux choses sérieuses. Ils savent trouver quelques roses parmi les épines, et pourtant ils s'ennuient souvent davantage que ceux qui, plus frustes dans leur développement, jouissent naïvement de la vie ; ils souffrent plus encore de toutes ces contradictions intimes qu'on a appelées « les désharmonies de l'existence ».

Il ne suffit pas, pour notre bonheur, de cette pensée terre à terre, dirigeant notre activité professionnelle, de cette tension d'esprit, de cette assiduité qui fait de nous un homme d'État, un savant, un artiste, un industriel, un commerçant, un artisan. Ce n'est pas assez d'exercer son métier, d'accomplir sa tâche matérielle comme un soldat du régiment humain, pas assez d'avoir trouvé quelque moyen de se délasser sans tomber dans le vice.

Non, il y a quelque chose de plus nécessaire encore, de plus utile pour notre bonheur à tous : c'est d'acquérir ces vertus qui facilitent les rapports humains, qui nous procurent la satisfaction intime, supérieure à toutes les jouissances superficielles et contingentes ; c'est, en un mot, de former notre *caractère*.

Dans un petit livre très suggestif[1], l'abbé Guibert, supérieur du Séminaire de l'Institut catholique de Paris, écrit : « Nous arrivons à définir le caractère : la résultante

1. *Le Caractère*. Librairie Veuve Ch. Poussielgue, Paris, 1905.

habituelle des tendances multiples qui se disputent la vie d'un homme. Donner aux tendances favorables au bien la prépondérance sur les inclinations vicieuses, telle sera, en conséquence, la règle fondamentale à poser pour la formation du caractère. » Puis il ajoute : « Aux personnes du monde, d'ordinaire si dispersées dans la frivolité ou si absorbées par le travail, nous ne saurions donner un meilleur conseil que celui de s'imposer comme une obligation inviolable un quart d'heure de réflexion le matin et cinq minutes au moins à la fin du jour. »

Pour ma part, je ne saurais recommander ce moyen, qui rappelle la règle monastique. Dans notre vie agitée, nous ne pourrons pas toujours réserver ces vingt pauvres minutes, et cette courte méditation serait bien insuffisante pour notre développement moral. Ce sont des heures de réflexion qu'il faut y consacrer.

Nous les trouvons facilement, sans rien négliger de notre travail habituel, dans les vingt-quatre heures de la journée. Consacrons à cette pensée méditative, non pas un temps donné, mais ces bribes de temps que nous employons si mal pendant nos heures de veille, ces moments de pensée vague où notre esprit fait l'école buissonnière et, comme le gamin, n'évite pas toujours les sottises. C'est *toujours* qu'il faut réfléchir : avant, pendant et après l'action.

On demandait à Franklin, — d'autres disent à Newton,

— comment il était arrivé à voir si clair dans les problèmes de la science physique. « En y pensant toujours », répondit-il.

Il en est de même dans l'ordre éthique On ne se rapproche de l'Idéal qu' « en y pensant toujours », en examinant toute chose à sa lumière. Il éclaire notre chemin, nous fait éviter les fautes, et celles que nous commettons ne sont pas toutes regrettables si, reconnaissant avoir fait fausse route, nous désirons retrouver la bonne voie. « Le commencement du salut, c'est la reconnaissance de sa faute », a dit Épicure.

Nous avons donc besoin d'un continuel examen de conscience, et s'il est fait dans un bon esprit, il ne mène nullement au scrupule maladif, à ce puritanisme maussade habillant la vertu d'une robe si austère que nous serions tentés de nous jeter au cou de l'aimable folie.

Quand nous nous sommes créé notre Idéal moral pour avoir goûté le charme des vertus, pour avoir éprouvé le bonheur qu'elles procurent, nous n'obéissons plus comme à contre-cœur à une règle sévère, à un impératif pédant, nous suivons la pente naturelle de nos désirs et nous laissons aller à ce bien-vivre.

Avant d'agir, dans n'importe quel domaine, nous envisageons d'un coup d'œil les conséquences prochaines et lointaines de nos actes ; nous agissons, pour ainsi dire, automatiquement, sous la seule poussée des sentiments éthiques tassés au tréfonds de notre mentalité. Dans l'action, le détail de nos faits et gestes se trouve en quelque sorte réglé d'avance, sans que nous ayons à faire un effort pour conformer nos actes à notre penser habituel.

Une demoiselle qui n'a certes rien à se reprocher, mais qui, paraît-il, trouve quelque charme à la fantaisie, me disait : « Mais alors, il faut s'efforcer de rester toujours sur les rails? — Eh oui, mademoiselle, à moins que vous ne préfériez dérailler. »

Hélas, nous déraillerons souvent encore, et il n'y a pas à craindre que cette culture de nous-mêmes devienne efficace au point de rendre la vertu banale et ennuyeuse ; les sujets ne manqueront jamais aux romanciers futurs. Évitons au moins de dérailler par insouciance morale, par amour du pittoresque.

Après l'action, ne nous endormons pas sur les lauriers que nous nous décernons ou qu'on nous décerne trop facilement. C'est le moment où intervient utilement la critique de soi-même.

Dans ces instants innombrables de désœuvrement que nous glanons au cours du jour, au réveil, pendant la toilette, en rue, au milieu des occupations qui n'exigent pas toute notre concentration d'esprit, à la fin de la journée, jetons un regard sur ce que nous avons fait. Nous ne devons pas nous contenter d'un rapide *satisfecit* ou accepter sans réserve l'approbation des autres, leur reconnaissance. La louange même ne doit pas nous aveugler, et nous pouvons mettre au jour les secrets motifs qui nous ont fait agir et qui ne sont pas toujours aussi nobles qu'ils paraissaient au premier abord.

J'imagine, par exemple, un médecin qui a soigné avec dévouement un malade, car, les journaux le disent chaque jour, les médecins prodiguent toujours leurs soins. Le malade est content et témoigne sa reconnaissance en paroles ou par une lettre touchante. C'est bien ; mais est-ce tout? Suffit-il d'empocher ces compliments et de se rengorger dans le sentiment de sa valeur? — Non. Qu'il ne craigne pas, ce praticien, de faire la critique de lui-même. Il constatera, peut-être, que la position sociale de son client n'a pas été sans influence sur cette sollicitude si altruiste en apparence. Un autre jour, il se surprendra en flagrant délit de vanité, sa préoccupation majeure ayant été de poser un diagnostic savant et de démontrer sa supériorité vis-à-vis de confrères en vue.

Mais c'est humain, dit-on, c'est excusable. Certainement, mais on n'excuse que ce qui n'est pas bien. Ce n'en est pas moins notre tâche à tous d'épurer constamment nos motifs d'action.

Serait-ce trop difficile, faudrait-il pour cela une aptitude spéciale à l'analyse psychologique, accessible seulement à certains esprits? — Oh non; nous avons tous une incroyable acuité de critique quand il s'agit d'éplucher, non notre propre conduite, mais celle de nos semblables. Nous sommes tous de petits La Rochefoucaulds quand nous nous mettons à rabaisser les autres, à déceler dans leurs actes les mobiles égoïstes que nous leur attribuons.

Cette connaissance du cœur humain que nous montrons ainsi, n'est-elle pas quelque peu suspecte? N'aurions-nous pas étudié sur nous-mêmes ces vilains défauts? Est-il bien charitable de les prêter si facilement aux autres? Autant de questions que nous avons à résoudre chaque jour, quand nous avons saisi la valeur de cette méditation moralisante. Et qu'on ne dise pas que le temps nous manque, puisque nous savons si bien le trouver pour débiner notre prochain.

Je suis frappé du temps que l'on consacre journellement à acquérir des virtuosités moins urgentes, alors qu'on songe si peu à l'œuvre nécessaire qui s'appelle *la formation du caractère*. Nos jeunes filles s'évertuent au piano, se livrent pendant des heures à des exercices aussi fastidieux pour elles que pour leurs voisins. Ce serait bien si du moins elles arrivaient au but et réussissaient à faire plaisir; mais la majorité renonce, souvent bien tard, à cette étude faite en pure perte. D'autres s'enflamment pour la peinture et ne réussissent qu'à augmenter le nombre des « croûtes ». Gommeux et gommeuses s'empressent au lawn-tennis ; je n'ai pas vu qu'ils y acquièrent la grâce et la beauté des jeunes Athéniens revenant de la palestre. Ceux que hante l'ambition de la virilité, de l'éducation à l'anglaise, se livrent au jeu du foot-ball, au canotage, au sport cycliste, et les journaux relatent leurs « matches » avec les équipes nationales ou étrangères. On fait de l'escrime, de la gymnastique suédoise ou autre, que sais-je encore ; je me suis laissé dire qu'on peut apprendre dans des cours le découpage de la volaille.

Loin de moi la pensée de vouloir condamner la plupart de ces distractions ; elles ont leur utilité. Mais il faut avouer qu'elles n'incitent nullement à la pensée méditative, dont nous aurions si grand besoin. Elle n'est pas possible dans cette agitation sportive, dans ce brouhaha du monde élégant. Il nous faudrait plus de solitude, plus de réflexion intime et personnelle et moins de lecture. Certes, il est bon de connaître la pensée des autres ; mais, dans cette culture littéraire, il faudrait s'adresser moins aux romanciers, qui enjolivent si souvent le vice, qu'aux moralistes de tous les temps, et particulièrement aux philosophes anciens, qui ont dépeint l'âme humaine comme les artistes de leur époque ont fixé dans le marbre les formes idéales du corps humain.

Toute la mentalité humaine est mise à nu dans les enseignements des deux écoles rivales des Stoïciens et des Épicuriens, dans le *Manuel* de l'esclave Épictète comme dans les *Pensées* de l'empereur Marc-Aurèle. Sénèque les résume dans ses admirables lettres à Lucilius, dans ses pénétrantes études sur la colère, la tranquillité de l'âme, dans les livres *Des bienfaits*. Il y a dans cette œuvre de nos devanciers un trésor inépuisable de pensée juste et fine.

Mais, surtout, fouillons au fond de nous-mêmes, toujours et toujours, au milieu de notre vie agitée ; critiquons sans pitié et redressons nos défauts. Sachons reconnaître, avec une absolue sincérité vis-à-vis de nous-mêmes, les ressorts secrets qui nous ont fait agir. Renonçons à l'œuvre aussi vaine que méchante de pratiquer cette critique à l'égard des autres ; retournons sur nous-mêmes ce regard scrutateur. La découverte de nos fautes ne nous amènera pas au découragement si nous savons envisager l'avenir, utiliser, pour le rendre meilleur, les enseignements du passé et vivre dans cette pensée continue de développement moral.

Quand on a bien saisi l'absolue nécessité de cette culture du moi éthique, la pensée méditative devient un besoin, une habitude morale. La réflexion s'associe si facilement à l'acte qu'elle ne ralentit pas les réactions psychologiques. Elles sont, au contraire, d'autant plus rapides qu'elles sont habituelles ; le souci constant de moralisation intérieure ne diminue en rien cette spontanéité apparente, résultant précisément de la rapidité avec laquelle les pensées succèdent aux pensées et l'acte à la pensée.

Nous continuons à *obéir* à nos sentiments, à ces idées devenues chaudes à force d'avoir été méditées ; il s'établit comme un automatisme psychologique de vertu.

Cet automatisme se constate déjà dans bien des domaines chez la plupart des individus qui n'ont subi que l'influence morale la plus fruste. Beaucoup de gens ne sont pas retenus par l'unique crainte du gendarme ; l'idée du vol ne leur vient pas même, tant est ancré dans leur âme le sentiment que ce n'est pas bien. Nous sommes, pour la plupart, incapables de tuer, de dérober quelque chose à notre prochain, de manquer sciemment à une parole donnée. Nous n'avons besoin d'aucun effort pour combattre ces impulsions natives si puissantes chez l'homme qui n'est pas cultivé.

Ne pourrait-il pas en être de même, par une lente culture du moi moral, pour la pratique d'autres vertus, comme la tolérance, l'indulgence, la patience, la chasteté, la bonté? Ne pourraient-elles pas prendre aussi ce caractère d'automatisme psychologique? — Je ne vois pas ce qui empêcherait absolument et à tout jamais ce progrès éthique, car ces vertus émanent, comme le respect du bien d'autrui, de bases rationnelles.

Dans ce dernier siècle de civilisation, de progrès matériel, on a beaucoup négligé la morale ; il semble qu'on l'ait oubliée. Un prélat romain qui incarne l'intransigeance cléricale faisait, en commentant la rupture de la France avec l'Église, cet aveu : « Nous avons à faire un retour sur nous-mêmes ; nous avons eu le tort de mettre au premier plan les préoccupations dogmatiques et laissé trop peu de place à l'enseignement moral. Nous recueillons ce que nous avons semé. »

Il faut, pour le bien de l'humanité, revenir de cette erreur et cultiver le terrain négligé. Toutes les coopérations sont bonnes dans ce domaine, et les rationalistes peuvent tendre la main aux croyants, pour peu que ces derniers soient sincères et sachent voir dans l'éthique le joyau de la pensée religieuse ou philosophique.

« Travaillons donc à bien penser, voilà le principe de la morale », a dit Pascal.

TOLÉRANCE

La tolérance est une vertu que nous réclamons énergiquement de nos adversaires et que nous nous refusons à pratiquer envers eux.

Elle faciliterait cependant beaucoup les rapports entre les hommes ; il vaudrait mieux la pratiquer tous les jours un peu que d'écrire dans les journaux de Noël : « Paix sur la terre et bienveillance entre les hommes. » On le répète depuis bientôt deux mille ans, sans que l'état du monde soit changé.

Sans la tolérance, c'est la guerre à perpétuité entre les individus, entre les groupes sociaux, entre les peuples, ce fameux « struggle for life » que Darwin a observé chez les animaux et qu'on a adopté comme ligne de conduite pour l'espèce humaine ; il semble qu'on ait trouvé dans cette loi naturelle, qui souffre cependant de nombreuses exceptions, une justification commode de notre égoïsme. Avec la tolérance, ce serait la paix et le progrès obtenus par le concours de tous, « l'harmonie pour la vie » substituée à la lutte, comme le dit si bien Mme J. Hudry-Menos.

Avec les gens qui pensent autrement que nous, la discussion deviendrait possible, et c'est alors que la lumière en jaillirait. N'étant pas irrités par les injures des autres, nous soumettrions leurs idées à la critique bienveillante de notre raison. Parfois, nous resterions dans nos opinions, les trouvant fondées ; d'autres fois, nous nous laisserions gagner, nous mettrions de l'eau dans notre vin. Nous comprendrions nos adversaires et exposerions nos motifs, sans recourir à ce cassant « je sais » par lequel nous couvrons nos ignorances ou à ce « je crois » auquel l'adversaire n'a plus qu'à répondre : Grand bien vous fasse ! — Songez un peu combien l'aspect du monde serait changé si cette vertu que tous reconnaissent désirable avait plus qu'un succès d'estime. On ne verrait plus des gens intelligents tout étonnés d'apprendre qu'il y a quelque chose de monstrueux dans cet assemblage de mots « guerres de religion », tout autant que dans l'union « de la guillotine et du culte de la déesse Raison ». Des gens d'opinions fort opposées, — il y en aurait nécessairement moins puisqu'on s'entendrait plus souvent, — sauraient passer sur leurs divergences, rechercheraient ce qui les unit et s'entr'aideraient dans la poursuite d'un Idéal commun.

Il y a une forme de tolérance qui est l'apanage des gens bien élevés : c'est celle qui consiste à ne pas se colleter avec ceux qui ne pensent pas comme eux ; mais que cette tolérance aristocratique est dédaigneuse ! Il y a une manière polie de faire comprendre à des gens qu'ils sont des imbéciles plus blessante qu'un soufflet.

Parfois, la tolérance n'est due qu'à un éclectisme sceptique, une façon de ne croire à rien ; elle fait dire à des hommes d'esprit : « Au fond, cela m'est bien égal. » Elle n'est pas tenace, cette indulgence polie ; elle s'évanouit aussitôt que les passions, en politique, en religion, en philosophie, viennent troubler le jugement.

Il en est souvent de même de cette tolérance résultant de la vie en commun avec des gens d'opinions différentes ; elle n'engendre pas toujours un respect réel des idées des autres ; elle est imposée par les circonstances, et un abbé m'écrivait naguère, avec une cynique franchise, qu'il n'approuvait la tolérance religieuse, dans les pays mixtes, que lorsqu'on ne pouvait pas faire autrement en raison de la puissance de l'adversaire.

Les partis politiques justifient leur intransigeance par les nécessités de la défense, par le bien du pays ; on n'ose plus guère prôner l'intolérance, mais on trouve toujours moyen de la justifier, de l'excuser, ne fût-ce qu'à titre de représailles.

La tolérance sincère, complète, persistante, se base sur de tout autres conceptions. Elle découle naturellement de la connaissance du déterminisme moral. Aussitôt que je sais que mon adversaire ne peut pas, au moment où il expose une opinion, en avoir une autre que celle qui résulte de sa mentalité innée ou acquise, mon siège est fait, et ce serait une énormité de ma part d'exiger qu'il pût incontinent penser comme moi.

Si Rousseau avait mieux compris l'idée du déterminisme, il n'aurait pas déparé son *Contrat social* par des phrases comme celle-ci : « Il faut impitoyablement bannir de la République tous les sectaires qui disent : « hors de notre église point de salut », car une telle intolérance en matière de dogme entraîne nécessairement l'intolérance en matière civile, l'inégalité, l'injustice, les dissensions. » — Il n'a pas vu qu'il tombait précisément dans le défaut qu'il reprochait à ses adversaires, et il a osé écrire quelques lignes plus bas : « L'État ne devra donc accepter parmi ses membres que ceux qui adhéreront à ce Credo moral et social, et il punira des peines les plus graves, même de la mort, quiconque, après l'avoir accepté, le reniera par sa parole ou par sa conduite. » — C'est le comble de l'intolérance.

On oublie constamment que les gens qui nous parlent pensent avec la tête qu'ils ont sur leurs épaules, et non avec la nôtre, qu'ils voient les choses sous un autre angle, sous d'autres couleurs; nous oublions que nous penserions comme eux si nous avions le même tempérament, si nous avions subi les mêmes influences éducatives, physiques, intellectuelles et morales.

Nous pouvons être étonnés, peinés, de les trouver si loin de nous, de les voir repousser des opinions que nous considérons comme fondées, indiscutables. Nous n'avons jamais le droit de les rendre responsables de leur ignorance, de leur témoigner du mépris, et si nous nous croyons dans la situation de pouvoir agir sur eux, souvenons-nous qu'on prend les mouches avec du miel et non pas avec du vinaigre. N'est-ce pas Saint François de Sales qui disait : « Mieux vaut taire une vérité que de la donner sans douceur et de mauvaise grâce. » — Les hommes ressemblent souvent à deux personnes montées chacune sur un tertre différent pour observer la campagne. L'une dit : « Voyez donc là-bas ce petit clocher. — Un clocher? Que dites-vous donc, imbécile; c'est un sapin. — Mais, crétin que vous êtes, vous prenez des vessies pour des lanternes; c'est un clocher. — Gardez vos compliments pour vous; c'est un sapin. » Ils sont sur le point de se prendre aux cheveux quand leur vient enfin l'idée de changer de tertre, et les voilà qui s'aperçoivent qu'ils ont tous deux raison et auraient pu s'épargner leurs injures : de l'un des tertres on voit un clocher et de l'autre, un sapin.

Il faudrait songer à ce petit apologue quand on discute avec des adversaires. Même s'ils étaient de mauvaise foi, ils devraient ce défaut à leur éducation défectueuse, et ce n'est pas par de mauvais traitements qu'on redressera leur esprit.

Cette idée du déterminisme moral suffit seule à assurer notre tolérance ; mais cette vertu s'appuie encore sur une autre idée : sur celle qu'il n'y a pas de vérités absolues en dehors des faits.

On commet une erreur en faisant de la volonté une faculté, alors qu'elle n'est qu'un moment dans la pensée ; on en commet une autre en donnant un sens concret au mot de vérité, qui n'est qu'une abstraction et qui désigne un rapport.

« La vérité, disent les philosophes, c'est l'accord de la pensée avec ses objets. » Leibnitz disait avec plus de précision encore : « C'est l'accord des représentations qui sont dans notre esprit avec les choses. »

C'est déjà par une licence de langage qu'on emploie ici le substantif, car c'est l'adjectif qui désigne le rapport des choses. Il vaudrait mieux dire à quelqu'un qui a bien apprécié une situation : « Vous avez dit vrai » que de dire : « Vous avez dit la vérité ».

Des personnes sont en promenade et aperçoivent dans la brume une masse noire. L'une dit : « C'est une voiture » ; l'autre : « Ce sont des mulets » ; une troisième croit voir un groupe d'hommes. Ce sont là tout autant *d'opinions*, dont aucune n'est prouvée. Les promeneurs se rapprochent peu à peu de l'objet en question, l'atteignent et constatent qu'il s'agit d'une voiture. C'est le premier qui a eu raison, qui a dit vrai. Il n'existe pas dès lors une *vérité* ; il y a un *fait* matériel, la présence de cette voiture, et l'expérience a prouvé que le premier observateur avait bien vu, qu'il y a concordance dûment constatée entre son opinion et le fait.

Il est donc clair que nous ne pouvons dire : « C'est vrai, vous avez dit la vérité » que quand il nous est possible d'y aller voir et d'établir sans conteste l'existence du fait.

La *vérité absolue* ne peut être conçue, par conséquent, que dans l'ordre des faits matériels directement constatables ou dans le domaine de la science mathématique, procédant à la démonstration par la voie logique. Ce sont les seules vérités qui soient reconnues par tous les hommes en possession de leur bon sens ; l'algèbre chez les Japonais et les Chinois est forcément la même que celle des Européens.

Toutes les idées dont la concordance avec les objets ne

peut pas être démontrée par l'expérience, le calcul ou cette intuition logique qu'on appelle le bon sens sont des *opinions*, des *idées* personnelles; c'est un abus de les baptiser *vérités*.

Nous n'avons donc aucun droit de les imposer aux autres, de blâmer ceux-ci quand ils ne les reconnaissent pas. Nous pouvons, pour notre usage, les considérer comme vérités, baser sur elles toutes nos convictions, notre conduite, et trouver notre bonheur dans l'application de ces notions. Nous avons le droit de les répandre, de transmettre aux autres ce que nous jugeons utile, salutaire, de faire des prosélytes; c'est un esprit d'altruisme qui nous y pousse si nous sommes sincères.

Il ne suffit pas d'être sceptique et de dire avec Voltaire : « Nous sommes tous pétris de faiblesses et d'erreurs; pardonnons-nous réciproquement nos sottises, c'est la première loi de la nature. »

Nous ne pouvons pas tenir nos opinions pour sottises au moment où notre raison nous les dicte. Soyons toujours prêts à les reviser quand nous aurons reconnu notre erreur; mais, aussi longtemps que nous estimons penser juste, nous avons le droit de garder notre conviction, de la défendre avec chaleur par les armes courtoises et loyales de la discussion.

En face des innombrables inconnues des problèmes

sociaux, nous ne sommes pas près de nous entendre. Quand l'intolérance de nos adversaires nous y oblige, nous devons résister, et il faut parfois opposer la force à la force. Dans les conflits entre les partis, entre les peuples, la lutte peut devenir épique ; elle suscite les héros. Malheureusement, l'analyse historique montre que bien souvent le peuple suggestible s'est laissé leurrer par les gouvernants et que des motifs d'intérêt vulgaire ont déterminé les guerres.

Certes, il y a de la crânerie dans cette réponse d'un soldat français à qui on demandait : « Qu'est-ce que le drapeau? — C'est ça pourquoi on se fait casser la gueule. » Mais il est pénible de sentir que tant de braves gens ont donné leur vie pour un prince ambitieux, pour des intrigues diplomatiques où l'intérêt de quelques personnes ou d'une classe sociale était seul en jeu.

Et le comble, c'est que les belligérants, qui désobéissent sciemment aux préceptes les plus élémentaires de la morale chrétienne et rationnelle, implorent tous deux sur leurs armes la protection du Dieu des armées ; quand Mars flirtait avec Vénus, c'était logique ; aujourd'hui, c'est un anachronisme.

Les grands conflits sociaux ne sont heureusement pas de tous les jours; ils troublent rarement ce bon petit bonheur bourgeois auquel nous aspirons tous. Il y a même bien des gens qui ne s'occupent aucunement de la politique et du mouvement des idées ; ils prennent leur indifférence pour du stoïcisme.

Mais où la guerre devient désastreuse, c'est dans les rapports familiaux, dans ce sanctuaire où nous aimerions à trouver le repos. Tous les jours, cette paix est troublée. Dans nombre de familles, les engrenages grincent, la machine marche péniblement. Je n'ai pas en vue ici ces catastrophes, fréquentes cependant, qui aboutissent à la rupture des liens familiaux et qui dénotent chez l'un, chez l'autre, ou chez tous, mari et femme, parents et enfants, frères et sœurs, un véritable déséquilibre moral. Je ne parle que de ces vies relativement heureuses où tout se passe dans l'ordre, selon la morale bourgeoise, de ces intérieurs où semble même régner la plus belle harmonie.

En y regardant de près, on retrouve dans ces milieux paisibles, non seulement le choc des opinions, ce qui ne serait qu'un bien, mais la mauvaise humeur créée par l'intolérance réciproque.

Nous nous irritons quand les autres ne partagent pas notre avis ou nos goûts, tout en répétant pour nous protéger : « Des goûts et des couleurs, il ne faut pas disputer. » Nous montrons aux autres, ne serait-ce que par l'expression maussade de notre physionomie, l'impatience que nous cause leur opposition. L'humeur s'altère de part et d'autre et les dissentiments s'accentuent. De guerre lasse, on laisse l'indifférence s'établir au foyer, dans le cercle plus étendu de la famille, dans le clan des amis.

Sans doute, les divergences d'opinions, de façons de sentir, sont parfois telles que la rupture est préférable. Il y a des unions familiales et amicales dont il ne ressort rien de bon, ni pour l'un, ni pour l'autre, ni pour personne ; mieux vaut alors le divorce.

Malgré cela, on reste ensemble, il le faut ; et c'est la petite guerre, peu dangereuse, mais énervante, les coups d'épingle de tous les jours. Il ne suffit pas, pour s'éviter ce supplice, de voir les mérites de la tolérance réciproque et de *vouloir* être patient. C'est un beau geste que de vouloir être vertueux, mais il est fatigant, comme le serait un effort musculaire continu, volontairement entretenu. Pour qu'il perde ce caractère d'effort impossible à la longue, il faut qu'il soit automatique, comme ce que l'on a appelé le tonus musculaire inconscient ; il faut qu'il résulte d'une idée fondamentale, entraînant naturellement cette tolérance et la rendant toujours plus facile, toujours moins contingente.

Cette idée-mère, c'est celle du déterminisme de la pensée ; elle nous fait comprendre que l'état d'âme de notre interlocuteur a ses causes profondes, inéluctables, dans son passé physiologique et psychologique. S'irriter de l'erreur des autres est aussi absurde que de se fâcher contre un nègre parce qu'il est noir. La seule différence, c'est que le nègre ne blanchira pas malgré vos critiques, tandis que celui qui pense mal pourra changer d'opinion. Mais n'oubliez pas qu'il faut alors lui présenter la vôtre sous une forme acceptable. Vous n'y arriverez qu'en respectant ce qu'il appelle, avec une enfantine fierté, son libre arbitre, c'est-à-dire en le laissant apprécier vos arguments, s'éprendre d'amour pour les idées que vous faites passer devant les yeux de son entendement. S'il reste fidèle aux siennes, soyez sûr qu'il n'a pu faire autrement. Il faudra prendre votre parti de cette divergence inévitable et vivre en paix avec votre adversaire.

Mais la tolérance ne s'arrête pas là ; elle ne critique pas seulement les vues des autres avec bienveillance, elle amène à l'examen de notre propre mentalité. Alors nous constatons, souvent avec étonnement, que nous sommes aussi têtu que notre adversaire et que, dans la discussion, nous exigeons de lui un effort de conversion dont nous serions probablement incapable. Nous en conclurons, non pas toujours que c'est à nous de céder, mais au moins que nous avons à surveiller notre esprit, à recommencer toujours et toujours le travail de réflexion logique, en nous aidant précisément des opinions des autres, si différentes qu'elles soient des nôtres. Celui qui, sous un prétexte quelconque, se refuse à cette constante revision de sa pensée, dédaigneux d'emblée de l'opinion d'autrui, est un intolérant. Il entrave, non seulement le progrès intellectuel, qui se fera sans lui, mais le progrès moral, qui résulte précisément de cet accord toujours plus intime entre les hommes.

La vraie tolérance nous rend plus sévère pour nous-mêmes que pour les autres, car il nous est plus facile d'agir sur notre propre mentalité que sur celle de nos semblables. Nous osons nous critiquer sans ménagements, sans risquer de blesser notre susceptibilité.

Employons l'ironie, la dialectique acerbe, que nous savons si bien manier à l'égard de nos adversaires, à corriger notre propre mentalité, à remanier nos idées et à aller toujours plus avant sur le chemin du perfectionnement moral.

INDULGENCE

L'INDULGENCE est à la conduite des autres ce que la tolérance est à leurs opinions. Elle dérive du même principe : le déterminisme de la pensée impliquant nécessairement celui des actes.

L'intolérance est une cause de continuels frottements que nous pourrions éviter pour le bien de tous. Mais ces inconvénients sont souvent supportables ; quand nous n'avons à reprocher aux autres que des délits d'opinion, nous pourrions leur pardonner pour notre tranquillité aussi bien que pour la leur.

L'absence d'indulgence trouble plus profondément les relations sociales ; elle entraîne aux pires injustices et crée des situations souvent tragiques.

L'éducateur qui reste englué dans l'idée imprécise de *la responsabilité* tout court ne peut arriver qu'à une indulgence variable, contingente et, par conséquent, souvérainement injuste. Il accumule les reproches sur la tête du coupable et lui fait sentir toute son ignominie. Parfois, devinant qu'il va trop loin, il fait, pour ainsi dire, un effort de bonté, adoucit le ton, semble pardonner, mais à condition qu'on ne recommence plus. Il exige l'obéissance à des règles morales dont il affirme le caractère impératif, sans établir les raisons qui doivent faire aimer cet Idéal moral. Le coupable sent les aspérités du reproche et tombe facilement dans cet état de rébellion si défavorable à toute œuvre de correction de soi-même.

Rien n'est plus triste dans ce monde que l'existence de ces malheureux qu'on n'a pas su prendre, diriger dans la bonne voie; on a eu recours à l'autorité, toujours mauvaise, en dépit des succès momentanés qu'elle peut donner, au lieu de s'adresser à la persuasion bienveillante. Souvent, après avoir perdu des années d'un temps précieux, on est obligé de reconnaître qu'on a fait fausse route; on renonce à l'idée du défaut de caractère pour admettre un état maladif, la neurasthénie, le déséquilibre, sans voir qu'on établit ainsi une distinction absolument artificielle.

Tout change d'aspect et devient clair, sans qu'il y ait la moindre coupure dans la pensée, quand on a compris le déterminisme, quand on reconnaît que l'acte n'est que l'aboutissant de l'idée et qu'au moment où il agit.

l'homme ne peut pas obéir à une autre idée qu'à celle qui le hante présentement, si mauvaise soit-elle.

« Oui, m'écrit un ami, la notion du déterminisme est un motif d'indulgence infinie envers les autres, donc une source de bonté. Ne risque-t-elle pas de nous rendre trop indulgent pour nous-mêmes? »

Nous sommes, en effet, si imbus de l'idée creuse de *responsabilité* et de la notion tout aussi imprécise de *faute* qu'on a quelque peine à penser toujours selon les données du déterminisme. Il faut rompre avec de vieilles habitudes pour s'accoutumer à cette notion; il semble qu'on doive modifier le langage. Ce serait à la fois bien difficile et bien inutile.

On peut conserver, je le répète, le terme de *liberté* si l'on veut dire par là que notre activité n'est entravée par aucun obstacle étranger à notre moi pensant, c'est-à-dire par des impossibilités matérielles, par la maladie corporelle, voire même par la maladie mentale confirmée, troublant pour un temps plus ou moins long le mécanisme de notre pensée.

J'accepte pleinement le mot *responsabilité* à condition qu'on distingue et précise les sanctions sans lesquelles elle n'existe pas. J'en ai admis trois au lieu d'une seule. Je ne demande pas qu'on retranche du dictionnaire le mot de *volonté*, mais il faut qu'on explique ce que cela veut dire. Il est facile de voir que *le motif*, que nous ne créons pas, *précède la volition* et que cette dernière est *déterminée* par le motif.

Le mot de *faute* conserve toute sa valeur, mais qu'on précise sa signification. Épictète a dit : « Se tromper est une faute. » C'est pour éviter toutes fautes de ce genre que le stoïcien s'appliquera à l'étude des syllogismes, à la résolution des raisonnements captieux, à la dialectique la plus subtile[1]. C'est dire qu'il faut pour cela *l'intelligence morale*, qu'on acquiert par l'éducation, mais qu'on ne se donne pas à volonté.

L'indulgence rationnelle ne s'adresse nullement à l'acte en lui-même considéré comme mauvais ; ce n'est pas une indifférence vis-à-vis du mal, comme celle de ces sceptiques que n'anime aucun désir de moralisation et qui, décourageant toutes les initiatives, s'en vont répétant ces phrases banales : Il faut que jeunesse se passe, ou encore : Il faut hurler avec les loups, ou enfin : *Homo homini lupus*. J'aimerais mieux la parole : « A tout péché miséricorde », à condition qu'on ne l'emploie pas comme excuse anticipée à tous ses vices.

Le déterministe conserve, au contraire, intacte en lui l'horreur du mal, la notion idéale du bien ; il en cherche

1. *Manuel d'Épictète*, trad. de Guyau. Paris, Ch. Delagrave, p. XXIII.

imperturbablement la réalisation pour lui-même et pour les autres ; il veut contribuer de toutes ses forces et malgré les insuccès à ce perfectionnement éthique de la personnalité humaine. Le phare de l'Idéal moral brille à ses yeux d'un éclat croissant à mesure que sa conscience s'enrichit des constatations de l'expérience.

C'est en face du coupable, de l'homme tombé, qu'il retrouve toute son indulgence, oubliant le passé, si horrible qu'il puisse être, pour ne penser qu'à l'avenir. D'un coup d'œil, il voit les influences physiques, intellectuelles et morales, les contingences de milieu, qui ont fait de l'individu ce qu'il a été jusqu'ici, sans en conclure qu'elles vont continuer à agir dans le futur. Emporté par cette vue claire et saine du déterminisme, c'est d'un large geste qu'il passe sur le passé d'autrui l'éponge de l'indulgence plénière. « Tout comprendre, c'est tout pardonner », a dit le P. Lacordaire.

Le coupable est déjà puni ou le sera ; il subira les effets de la responsabilité vis-à-vis de la société, qui doit punir à la fois par nécessité de défense personnelle et pour déterminer, par des moyens encore sommaires il est vrai, l'obéissance à des lois nécessaires. Suivant sa mentalité, le coupable subira ces sanctions la colère dans l'âme ou les acceptera en reconnaissant la valeur des notions morales qui les ont dictées.

Le délinquant pâtit lui-même, physiquement ou moralement, de sa situation, soit qu'il souffre des suites naturelles de l'acte coupable, soit qu'il éprouve ce remords qui ronge plus souvent qu'on ne croit le coupable étalant aux yeux des autres une cynique indifférence.

Dans la pensée des croyants, il subira dans un autre monde les sanctions inconnues que peut mériter son acte, question que nous ne pouvons pas même effleurer, tant il serait téméraire de préjuger les intentions d'une divinité. Pourquoi ajouter à ces souffrances qui tôt ou tard atteindront le coupable, qui l'ont déjà travaillé, l'inutile mépris? N'est-ce pas là le coup de pied de l'âne?

Le sachant ou à notre insu, nous remplissons tous dans la vie un rôle d'éducateur. Les parents l'exercent sur leurs enfants, les maîtres sur leurs élèves, les ecclésiastiques sur leurs ouailles. Cette influence éducative intervient, moins avouée, entre conjoints, entre frères et sœurs, entre amis ; parfois, subreptice, elle se fait à rebours, les enfants agissant sur leurs parents, Mentor subissant sans le savoir le joug de Télémaque.

Le médecin jouit d'une position privilégiée pour juger des difficultés de l'éducation, pour découvrir les ficelles cachées qui font mouvoir la marionnette humaine et pour tirer les bonnes, celles qui provoquent les mouvements adaptés au rôle à jouer. Lorsqu'il ne se cantonne pas dans la chirurgie, art manuel, et ne se complaît pas dans cette médecine artificielle qui ne recourt qu'aux agents physiques ou à la pharmacie, il voit le rôle immense que joue la mentalité, non seulement dans la conduite morale, mais aussi dans les états pathologiques qui en sont la conséquence. Il voit bientôt qu'on ne lui amène pas toujours de vrais malades, mais des gens bien portants qui *pensent mal*, non seulement des fous avérés, mais de ceux qu'on appelle aujourd'hui des demi-fous. Sa logique le force à dire que là où on parle de demies, il faudrait songer à des fractions toujours plus petites ; il en conclut qu'il n'y a que des degrés entre le défaut de caractère et la maladie de l'esprit, et non une différence d'essence.

Dans tous les cas où l'homme pense et agit mal, sort de la voie idéale du bien, le déterministe voit les causes qui ont amené la déviation. Il sait qu'on ne peut supprimer les erreurs passées ; ce n'est que pour l'avenir qu'on peut faire intervenir des motifs déterminants nouveaux.

Théoriquement et abstraction faite des moyens physiques propres à seconder l'œuvre morale, — ils peuvent être utiles vis-à-vis du défaut comme vis-à-vis de la maladie, — le traitement restera le même. Il a pour but le redressement de l'idée fausse, l'orthopédie morale, et nous n'avons d'autre arme pour poursuivre ce but que notre raison toujours plus affinée par la culture de nous-mêmes.

Nous n'y réussirons pas, ou que difficilement, quand la déformation mentale tient à des causes physiques ou psychiques trop puissantes, dues avant tout à l'hérédité, à la maladie cérébrale ; nous aurons plus de succès si le mal n'a sa source que dans la fatigue, dans des états maladifs passagers, dans une psychasthénie entretenue par des conditions fâcheuses d'éducation, de contagion morale.

En soustrayant le sujet à l'action du milieu, en lui procurant le repos qui favorise le travail de la pensée, nous pouvons lui faire aimer des notions nouvelles pour lui, non pas en les lui dictant comme vérités absolues, mais en les lui soumettant comme acceptées par nous, comme reconnues belles par des personnes qu'il aime et respecte, en faisant miroiter devant ses yeux les avantages, souvent matériels, — succès de carrière, position sociale, — mais surtout moraux, — bonheur intime et permanent, — qui résulteront de sa conversion au bien. C'est à lui de prendre feu pour ces idées directrices, s'il le peut.

Pour employer un mot dont on abuse aujourd'hui, nous n'obéissons aux suggestions étrangères que quand elles sont devenues autosuggestions. Il ne suffit pas que nous trouvions justes les opinions qu'on nous soumet ; il y a des degrés allant de la compréhension à la conviction profonde ; il faut que le sentiment s'en mêle, que nous soyons emportés.

En comparant l'homme en face des idées au prince en présence de jeunes filles à marier, j'ai dit qu'il épousera celle qui lui plaira ; mais l'amour, dit-on, ne se commande pas. Nous pouvons nous efforcer d'échauffer l'amour chez celui dont nous voudrions faire un épouseur, lui vanter les charmes de la jeune fille ou lui dire à l'oreille le montant de la dot ; le reste est son affaire ; il échappe à notre joug pour retomber sous celui de sa propre mentalité. C'est là ce que l'homme appelle sa liberté.

Nous manquons d'indulgence et de patience vis-à-vis de nos semblables quand, sans être vraiment malades, ils subissent ces variations d'humeur auxquelles nous sommes tous plus ou moins soumis. Sous l'influence d'une fatigue qui ne paraît pas justifiée par la somme de travail produit, dans des états de malaise organique causés par des phénomènes physiologiques ou pathologiques de notre être, nous nous sentons modifiés dans notre vie mentale. Nous devenons maussades, découragés, sans motifs sérieux. Nous nous montrons rebelles, méchants ; nous le regrettons, mais nos nerfs nous dominent et nous ne parvenons pas à chasser l'ennemi qui est en nous.

Nous y réussirions plus facilement si ceux qui nous entourent avaient au cœur l'indulgence déterministe, s'ils savaient reconnaître leurs propres faiblesses. Ils oublient qu'ils ne sont pas non plus toujours ce qu'ils voudraient être, et ils nous secouent avec dureté. C'est un vrai martyre que subissent souvent dans les familles les gens impressionnables, sujets à de continuelles variations de leur état d'âme ; ils sont des incompris, et les reproches qu'on leur adresse, dans une intention évidente d'orthopédie morale, leur enlèvent les derniers vestiges de la maîtrise d'eux-mêmes. Sans doute, on peut leur faire du bien par la parole, même à l'occasion par le reproche, à condition qu'il soit bienveillant. L'être qui est impatient, chagrin, souffre ; il n'est pas bien dans sa peau, sans pouvoir dire ce qui se passe en lui. Envisageons-le comme un malade qui a besoin de repos ou d'encouragement, et non comme un coupable qui serait volontairement maussade. Faisons vis-à-vis de nos semblables comme ces mères clairvoyantes qui, loin de brusquer l'enfant devenu irritable, expliquent cette humeur en disant : c'est parce qu'il n'a pas assez dormi, et qui le remettent doucement dans son berceau. Voilà un déterminisme pratique dont nous aurions grand besoin dans nos relations entre adultes.

Dans cette œuvre d'éducation, tout sentiment d'irritation, de mépris, de dégoût, vis-à-vis du coupable est une entrave ; il n'y a pas de crime assez grand pour laisser glisser sur l'individu la répulsion morale légitime que nous inspire son acte. Nous commettrions, en agissant ainsi, non seulement une lourde faute de tactique éducative, mais encore une injustice flagrante.

Des amis, qui ne pouvaient nier le fait du déterminisme, craignaient que cette conception ne créât une nonchalance morale, un laisser aller fondé sur l'idée qu'on ne peut rien par soi-même. Ce danger n'existe pas quand l'idée du déterminisme a été bien saisie.

Le déterminisme n'est pas une prédestination ; il ne constate que les faits passés et les circonstances matérielles et morales qui les ont déterminés. L'avenir est encore inconnu, et l'homme est donc libre, non pas dans le sens philosophique du mot, mais dans ce sens qu'il pourra obéir dorénavant, étant instruit par sa propre expérience ou par les conseils, aux idées nouvelles qui auront un attrait pour lui.

En réfléchissant, on reconnaît qu'il n'y a pas de présent pour ce qui se meut et, par conséquent, pour ce qui vit. Le présent ne s'applique qu'à ce qui est à l'état statique ou de repos. Un train qui est arrêté dans une gare est présent ; mais ce mot n'a plus de sens quand le train ne fait qu'y passer. En prenant comme limite une ligne idéale, les wagons qui sont à droite de l'observateur sont passés, ceux qui sont à gauche sont à venir. De même, il n'y a pas de présent dans notre existence ; il n'y a que des tranches de passé et des tranches d'avenir ; ce que nous appelons communément le présent, c'est l'avenir le plus immédiat. L'avenir nous est toujours inconnu, et l'indulgence ne peut s'appliquer qu'au passé.

Prenons un exemple : Un jeune homme m'est adressé parce qu'il se livre à la boisson ; il a accepté lui-même cette consultation dans le désir de se guérir. Avec l'indulgence plénière que nous devons à ces dévoyés, je lui expose les raisons diverses qui font désirer qu'il renonce à sa passion : souci de sa santé physique, de son avenir matériel et moral, remords qui le rendent malheureux. Je l'engage à reprendre courage, à s'enthousiasmer pour une vie plus digne ramenant le bonheur dans sa famille. Il m'écoute et me répond tristement : « Que voulez-vous, docteur, c'est plus fort que moi. — Inutile de me le dire, mon cher monsieur ; vous parlez du passé, et il est en effet passé ; nous n'y pouvons plus rien changer. Vos passions ont été plus fortes que les motifs de la raison. Ne parlons plus de ce passé. — C'est de l'avenir que je parle ; j'ai si souvent essayé de me corriger sans réussir, et pourtant j'avais déjà reconnu toute la valeur des raisons morales que vous m'exposez. —

« Oui, je vois que vous concluez du passé à l'avenir, comme quand on dit : Qui a bu boira. Ne savez-vous pas que les sociétés de tempérance et d'abstinence ont déjà souvent fait mentir ce proverbe décourageant ? Je vous refuse du reste, au nom de la logique, de me parler de l'avenir. On a toujours le droit de dire : Ça été plus fort que moi ; mais on ne peut pas dire : Ce sera plus fort que moi. Sans doute, le passé peut nous faire craindre pour l'avenir ; mais n'oubliez pas que ce dernier ne nous appartient pas. Il peut survenir d'ici à demain, ou plus tard, des événements de votre vie matérielle, intellectuelle ou morale qui *détermineront* pour vous une autre conduite. Supposons même que vous retombiez ce soir, demain, après-demain, bien souvent encore. Chaque fois que vous viendrez me confier votre faute, je garderai la même indulgence plénière pour un passé que personne ne peut changer. Chaque rechute appartient aux tranches passées de la vie ; de l'avenir, nous ne savons rien encore, ni vous, ni moi. Il en est des fautes de notre vie comme des accidents de chemin de fer : un train a déraillé, c'est du passé ; ce n'est pas une raison pour que le suivant déraille aussi. N'est-il pas probable que l'aiguilleur pris en faute rendra à l'avenir sa surveillance plus efficace ?

« Réfléchissez, voyez toujours plus clairement que votre conduite vous mène à des fondrières ; plus vous verrez le danger, plus vous reculerez épouvanté. Il n'y a jamais eu qu'un seul moyen de se corriger d'un vice : c'est de reconnaître les dangers qu'il présente pour nous ; il n'y a qu'un moyen d'acquérir une qualité : c'est de bien voir les avantages qu'elle nous procure. En dehors de là, il n'y a pas de sagesse. Continuez, non pas à faire de vains efforts de volonté, comme un homme qui agite inutilement ses bras, mais à acquérir par la réflexion, par mes conseils puisés aussi dans l'expérience, cette *clairvoyance morale* qui assure notre marche toujours difficile sur le chemin de la vie. L'homme s'avance dans ce monde moral comme l'explorateur dans un pays inconnu. Il s'égare souvent et n'a pour se guider que son flair, son expérience, celle des voyageurs qui l'ont précédé. Quand il s'aperçoit qu'il s'est fourvoyé, il doit retourner en arrière et chercher le bon chemin. Que diriez-vous de celui qui, au lieu de s'informer, se coucherait au bord du chemin en versant des larmes sur ses erreurs passées? — Allez et revenez dans quelques jours. Vous retrouverez toujours la même bienveillance pour vous, la même patience, mais aussi, sachez-le, les mêmes arguments, parce qu'il n'y en a pas d'autres. »

Ces principes s'appliquent à toutes fautes. Loin d'affaiblir l'idée morale, ils la rendent toujours plus nette, plus impérieuse. Ils donnent à l'éducateur l'indulgence et l'inlassable patience qui sont nécessaires à son œuvre. Ils allument le désir du bien chez lui comme chez son disciple, et c'est dans cette communauté d'aspirations morales que réside leur entente mentale; ils marchent, la main dans la main, vers l'Idéal qu'ils poursuivent. On remet mieux un égaré sur le bon chemin en l'accompagnant qu'en indiquant d'un geste maussade la route à suivre.

C'est une erreur de considérer le déterminisme comme un obstacle à la morale. L'oreiller de paresse se trouverait plutôt dans la conception du péché originel, qui nous empêcherait à tout jamais de suivre la voie du bien à moins de bénéficier de grâces qu'on ne peut pas réclamer.

Un jour où j'exprimais à une vaillante sœur de charité mon étonnement de voir un de nos malades, un abbé, esclave des plus vulgaires pusillanimités, elle me répondit : « Que voulez-vous, c'est un homme comme les autres. » — Sans doute, pensais-je, je ne le sais que trop ; je n'en suis plus à m'étonner des faiblesses humaines. Mais ce qui me surprenait, c'était de voir une piété sincère ne servir qu'à des fins ultérieures et rester sans emploi dans la pratique de la vie.

Un autre jour où j'encourageais un prêtre intelligent, je me surpris à rougir. Il me semblait que ce que je lui disais était par trop simple et qu'exposer cette éthique à un théologien, c'était, comme on dit, porter de l'eau au lac. Je m'excusai de lui avoir adressé des paroles qui me paraissaient superflues. « Oui, docteur, répondit-il, je sais tout cela aussi bien que vous ; j'ai même enseigné ces vérités ; mais je n'avais pas vu qu'elles eussent une application aussi pratique. »

Ce regard du chrétien toujours fixé sur l'au-delà lui fait parfois oublier la vie en ce monde. Il n'a souvent qu'une médiocre estime pour la sagesse humaine. Ne court-il pas le risque d'excuser ses faiblesses en escomptant la rédemption ?

Le déterminisme, ne pouvant rationnellement s'appliquer qu'au passé, n'autorise aucune faiblesse future ; il attend, au contraire, de l'avenir de nouvelles influences déterminantes. Il est un élément de progrès, parce qu'il permet à tout coupable de recommencer sur page blanche avec un nouveau zèle, en gardant, précis mais débarrassé d'amertume, le souvenir des fautes passées.

HUMILITÉ

L'HUMILITÉ est une vertu décriée; on ne croit devoir s'incliner devant elle que quand elle est accompagnée de l'adjectif « chrétienne » ; encore ne la comprend-on pas. Puisqu'elle est si rare dans ce monde, où la vanité joue un grand rôle, il faut bien en conclure que c'est une vertu étrangère à la mentalité naturelle. Elle est cependant la plus rationnelle, la plus facile à déduire des plus simples constatations.

Son contraire est l'orgueil; or de quoi pourrions-nous être fiers, étant donné que nous avons tout reçu ?

Si la vie est souvent tragique, elle tient aussi du vaudeville; rien n'est plus grotesque que cette vanité humaine qui, comme une vulgaire coquette, s'attife de tous les colifichets.

L'un est fier du nom qu'il porte, de la particule qui le

précède. Il n'a rien fait pour l'acquérir, ni pour le conserver intact; il en a bien souvent terni l'éclat mondain; il sent cependant un sang bleu courir dans ses veines. Même quand une éducation soignée, agissant sur une intelligence déliée, l'a débarrassé de la vulgaire morgue, il laisse presque toujours percer le sentiment de sa supériorité. A supposer que ses ancêtres se fussent distingués aux croisades, m'est avis qu'il n'en peut rien.

Dans ce petit monde de gens bien nés, on fait encore des distinctions entre la grande et la petite noblesse. Cette aristocratie se pavane quand le grand nom s'allie à la fortune; elle se fait plus discrète quand l'argent lui manque, mais ne craint pas de redorer son blason en s'alliant à une famille de parvenus.

Celui qui a trouvé un million dans son berceau jette un regard dédaigneux sur celui qui l'a gagné en brassant de vulgaires affaires, et ce dernier lui renvoie la balle en se rengorgeant dans le sentiment de sa supériorité intellectuelle. L'artiste arrivé: peintre, sculpteur, littérateur, musicien, sourit de pitié à la vue de ces dindons; n'est-il pas, lui, marqué du sceau du génie?

Le bon Beethoven reprochait à Gœthe, pourtant bien conscient de la valeur de sa personne, son obséquiosité vis-à-vis des gens de cour et lui disait: « Ne sommes-nous pas supérieurs à tous ces gens-là! » Il ne songeait pas qu'il avait reçu de la nature ce génie dont il était fier : vanité pour vanité.

Le savant tombe dans la même erreur lorsqu'avec une apparente modestie, il sourit de la bêtise humaine, du vide qu'il constate dans les intelligences mondaines ; il n'en recherche pas moins les faveurs des grands et convoite avec âpreté les distinctions honorifiques qui vont le placer au-dessus de ses confrères. Partout, dans les milieux les plus intellectuels, on retrouve cette émulation de mauvais aloi, au lieu du travail désintéressé fait dans un esprit de solidarité humaine.

Oui, dira-t-on, il est en effet ridicule d'être fier de ces supériorités que nous devons au hasard de notre naissance ou à la munificence d'une Providence, et la satire a depuis longtemps cinglé de son fouet ces éternelles vanités ; mais il y a une fierté légitime, c'est celle du « self made man », qui, parti de bas, a tout conquis par son énergie. Il y a là quelque chose de personnel, de voulu, un effort qu'il faut admirer et louer. C'est cette puissance de l'énergie qu'on doit encourager en s'inclinant devant elle, où qu'elle se présente, dans toutes les classes sociales.

Ce jugement me semble injuste. Nous ne sommes pas plus maîtres d'avoir ce qu'on appelle de l'énergie que de venir au monde capitaliste. Nos qualités morales subissent aussi le joug de l'hérédité ; elles augmentent par l'éducation, comme notre avoir à la caisse d'épargne s'augmente des intérêts et des dons bienveillants. Avons-nous donc tous d'emblée un livret cossu ou de généreux bienfaiteurs?

Je n'ai jamais saisi le sens de ces notions, si banalement usitées, de *mérite* et de *démérite*, ou plutôt, j'estime qu'on se trompe en les appliquant à l'individu au lieu de les réserver pour l'idéal de vertu qu'il réalise.

Il est absurde qu'une femme soit fière de sa beauté; qu'en peut-elle d'être belle, et comment pourrions-nous lui en faire un mérite? Qu'elle en jouisse, qu'elle répande autour d'elle le charme de sa grâce, en le décuplant par l'attrait de la bonté. Être coquette serait déceler une insuffisance intellectuelle; elle n'en pourrait rien encore, la pauvre d'esprit, mais sa beauté diminuerait à nos yeux; le public s'en rend compte lorsqu'il dit d'une femme: « Elle est jolie, mais elle le sait. »

Il n'est pas plus permis à un homme intelligent d'être fier de sa supériorité; il ne l'a pas faite, cette intelligence, il l'a reçue. Qu'il emploie ce capital et le fasse fructifier pour le bien de tous; que, compatissant à la misère des autres, il partage, pour ainsi dire, avec eux le bien qu'il détient.

Un médecin de mes amis, qui a derrière lui une belle carrière de dévouement professionnel, me disait un jour:

« Il y a eu dans mon existence un événement qui a décidé de ma carrière d'homme et a eu sur ma vie plus d'influence que tous les enseignements précédents. J'ai passé quelques semaines de vacances chez un vieux pasteur anglais. Il ne m'a nullement assassiné de leçons de morale; mais, quand je le quittai, il me frappa amicalement sur l'épaule et me dit : « Jeune homme, souvenez-vous qu'il n'y a que deux devoirs à remplir dans ce monde : *premièrement, donner à sa personnalité toute la valeur qu'elle est susceptible d'avoir; secondement, la mettre au service des autres.* »

On ne saurait exprimer en meilleurs termes cette idée de solidarité au service de laquelle nous avons à mettre tous nos dons, qu'ils soient le résultat de l'hérédité ou de l'éducation, les deux seuls facteurs auxquels nous devons tout ce que nous possédons.

Il n'y a place nulle part pour la fierté, pour une contemplation admirative de notre moi physique, intellectuel ou moral.

Toutes les aristocraties sont destinées à disparaître par la constatation de plus en plus nette qu'elles ne sont que privilège. Elles ont toujours été en butte à l'envie, parce que, même quand elles ne sont pas la vulgaire supériorité que crée la fortune, même quand elles naissent du don d'intelligence, elles procurent des avantages matériels et accentuent les inégalités sociales, toujours pénibles pour celui qui se sent inférieur.

Les Grecs avaient trois mots pour désigner « le meilleur » : ἄριστος, superlatif de bien ; il s'appliquait aux gens « bien », sans qu'on précisât en quoi consistait cette supériorité admise sans conteste par ceux qui la réclamaient ; κράτιστος, qui signifiait « le plus puissant » et caractérisait certaines dominations par la force brutale ou par l'énergie dans l'action ; βέλτιστος, enfin, qui indiquait la véritable supériorité morale, celle de l'honnêteté, de la vertu.

C'est une « beltistocratie » qu'il nous faudrait, une « aristocratie du cœur », qui, consciente du déterminisme des choses humaines, aussi bien dans la conception chrétienne que dans une philosophie rationaliste, ne verrait devant elle que ce précepte du pasteur anglais : Développer notre capital de vertus, les aptitudes que nous avons reçues, aller toujours plus avant dans le perfectionement de notre personnalité, non pour en tirer des avantages personnels, mais pour en faire profiter l'humanité tout entière.

Cette aristocratie ne serait pas exposée à l'envie ; elle n'aurait rien à craindre des révolutions. Précieuse à ceux qui la posséderaient, en ce qu'elle leur donnerait le bonheur, elle le sèmerait aussi autour d'elle.

Tandis que la fortune matérielle partagée laisserait chacun dans une médiocrité voisine de la misère, le bien moral s'accroît dans la mesure où il est distribué ; il est inépuisable. Voilà la richesse qu'il nous faut.

Les classes dites cultivées n'ont qu'un moyen d'endiguer le torrent révolutionnaire : c'est d'enseigner la vertu en la pratiquant. Est-il encore temps ?

La véritable humilité a sa source dans ce sentiment, si facile à saisir, que nous ne devons rien à nous-mêmes, que nous avons tout reçu, quelles que soient nos idées sur la personne du donateur. Il n'y a pas lieu de faire des distinctions ; le principe s'applique aux richesses morales comme aux biens matériels, aux dons du cœur et de l'esprit comme à l'argent et aux honneurs.

Il faut s'attaquer à ces notions de mérite et de démérite, non dans un esprit de dénigrement, mais dans un sentiment d'équité sociale plus noble que l'admiration béate, souvent doublée d'envie, qu'on manifeste pour le succès. C'est le charme de la vertu que nous devons subir. Nous pouvons, nous devons aimer celui qui la pratique ; mais il n'a pas le droit d'en être fier. Le prix d'une bonne action est doublé quand elle est accomplie simplement, avec modestie.

Nous pouvons reconnaître chez les autres une belle âme et l'aimer, comme nous admirons une belle femme, une œuvre d'art. C'est à la beauté que doivent aller nos hommages, et non à la personne qui, sans qu'elle puisse s'en faire un mérite, la représente à nos yeux.

Déjà pour les enfants dans les écoles, il faudrait supprimer les distinctions et récompenses encourageant la vanité précoce, ou ne maintenir que celles qui peuvent développer la vraie émulation, celle qui consiste, non à laisser les autres derrière soi, mais à marcher avec eux, la main dans la main, en les entraînant sur la route du perfectionnement.

L'idée de la solidarité doit prendre une place toujours plus grande dans ces jeunes cœurs, moins racornis que ceux des adultes. L'homme n'a pas de plus grand ennemi que son égoïsme ; voilà l'idée qu'il faut fixer au plus profond de l'âme humaine. Elle est la seule condition du progrès moral.

L'humilité bien comprise supprime d'un coup, non seulement l'orgueil et la susceptibilité, mais aussi la timidité, qui en dérive plus directement qu'on ne le pense. On l'a dit avec raison : « La timidité, c'est de l'orgueil. ». A propos de la rougeur, Mme de Sévigné écrivait à sa fille : « C'est une persécution dont le diable afflige l'amour-propre. » Toute timidité a sa source dans l'amour-propre, dans la crainte d'être mal jugé. Elle est la sœur de la susceptibilité, aussi désagréable pour les autres que pour celui qui l'éprouve. Il entrave beaucoup les relations sociales, ce défaut si répandu qui rend les gens inaccessibles aux conseils les plus bienveillants et les soustrait, par conséquent, à l'influence éducatrice dont nous avons tous besoin.

C'est qu'il faut de l'humilité pour accepter le reproche, surtout quand il est mérité ; il faut, d'autre part, de l'indulgence et du tact pour savoir le présenter sans blesser. Cette susceptibilité outrée est fréquente dans les états de déséquilibre mental qu'on met dans un tiroir étiqueté *neurasthénie* ; elle fait naître des drames dans les familles. Ce défaut natif, souvent familial, est toujours difficile à combattre. Cependant on voit des personnes qui s'étaient rendu la vie pénible par leur impatience vis-à-vis du reproche réussir à perdre cette susceptibilité, précisément parce qu'elles en ont reconnu les inconvénients. Un de ces malades me disait s'être débarrassé lui-même de cette irritabilité, et quand je lui demandai comment il avait fait, il répondit : Eh, en réfléchissant que c'était toujours moi qui « payais la fête ».

Voilà une réflexion précieuse que nous ne devrions jamais oublier quand nous allons céder à nos passions ; c'est toujours nous qui « payons la fête » ; et ce n'est pas même une fête, puisque le sentiment auquel nous nous livrons est aussi désagréable que ses suites.

Reconnaître que « nous sommes toujours punis par où nous avons péché » est, pratiquement, le meilleur moyen de corriger nos défauts. Cette morale « par prudence » est la plus efficace ; elle doit être enseignée tout d'abord à ceux qui se plaignent de situations qu'ils ont créées eux-mêmes. Il y a cependant quelque égoïsme à n'éviter le mal que parce qu'il a pour nous des conséquences fâcheuses. Le penseur saura, sans négliger cette prudence raisonnable, s'élever à des conceptions plus hautes et se créer un Idéal de bien dont l'oubli causerait un remords plus cuisant que le simple regret.

Il est curieux de voir combien de personnes n'ont pas saisi le lien étroit qui unit la timidité à l'amour-propre. J'ai coutume de donner à ces gens trop peu clairvoyants un exemple concret : « Une demoiselle joue du piano. Un jour, une vieille amie vient passer la soirée dans la famille ; empêchée par des infirmités d'aller au concert, elle se plaint d'être privée de tout plaisir musical et prie sa jeune amie de lui faire un peu de musique. Si, à ce moment, la jeune fille n'avait qu'une idée en tête, celle tout altruiste de faire plaisir, elle se mettrait sans embarras au piano ; elle jouerait simplement comme elle peut, et tout le monde serait content. Mais cette charité est le moindre de ses soucis ; invitée à se produire, elle voudrait tout au moins remporter un petit succès. Hélas, la demande tombe mal; mademoiselle n'a pas étudié ces derniers temps, elle n'a pas le cahier qu'il lui faudrait, elle ne joue pas par cœur et ne lit pas à première vue. La voilà bien embarrassée, tiraillée par deux sentiments contraires : d'une part, le désir d'être appréciée, d'autre part, la crainte de ne pas réussir. De cette contradiction intime résulte précisément la timidité. Alors mademoiselle devient rouge comme une pivoine, bredouille et quitte le piano bien marrie qu'on l'ait mise en si fâcheuse posture. »

Examinez à la lueur de cet exemple vos timidités, — nous en avons tous, — et vous retrouverez toujours l'amour-propre au fond de ce défaut de la timidité, qui ose parfois se couvrir de la robe de l'humilité.

Il ne faut pas confondre la timidité avec la crainte, avec l'appréhension. Nous pouvons éprouver la crainte en face d'une tâche difficile, être tentés de reculer devant l'obstacle ; souvent nous avons des appréhensions au sujet de l'avenir et ne l'abordons qu'en tremblant. Nous subissons de ce fait des mouvements émotionnels qui peuvent entraver notre activité ; c'est la peur, ce n'est pas encore la timidité. Cette forme spéciale de crainte ne s'éveille que quand notre regard se porte sur notre propre personne, quand nous songeons à l'effet que nous allons produire. Ce sentiment pénible, qui nous enlève nos moyens, n'est pas en soi blâmable; il dérive du besoin d'être approuvé, de cette « approbativité » dont les phrénologues plaçaient l'organe au sommet de la tête, tout à côté de « l'amour de soi ». Georges Combe, dans son *Manuel de phrénologie*, dit à ce propos : « Un développement convenable de l'approbativité est indispensable à un caractère aimable. Elle porte l'individu à faire tous ses efforts pour plaire, à supprimer mille petits signes d'intérêt personnel et à réprimer les nombreuses inégalités de caractère, par la crainte d'encourir le blâme. » En effet, le désir de plaire a ses avantages moraux ; une certaine timidité est un charme; mais elle devient une entrave quand cette soif d'approbation est trop intense; elle développe un trop grand souci de l'opinion des autres, la crainte du « qu'en dira-t-on », du ridicule, et nuit aussi à l'indépendance d'esprit; en face de la crainte de l'insuccès, cette forme aimable de vanité engendre la timidité.

Ce qui montre bien que la timidité ne commence qu'avec la contemplation de soi-même, c'est qu'elle ne s'empare pas de nous quand nous sommes seuls. Nous pouvons être craintifs, anxieux, en face d'un travail que nous avons entrepris; mais nous ne rougirons que quand on regardera par-dessus notre épaule et surprendra notre inhabileté. Des acteurs amateurs joueront avec la plus grande assurance dans les répétitions;

ils perdront souvent la tête à la représentation devant un public.

La timidité peut aussi être collective et s'emparer de toute une société aspirant au même succès. Elle peut même prendre la forme de l'altruisme quand nous tremblons pour un conférencier, pour une actrice, qui débutent. Mais ne nous méprenons pas ; souvent l'intérêt pour la personne est très minime, et c'est parce que nous nous mettons à sa place que nous subissons les affres de la timidité. Enfin, dans certaines occasions, nous pouvons sentir monter à nos joues la rougeur de la timidité alors que nous sommes seuls ; il suffit d'une réminiscence, d'une représentation mentale, évoquant une situation blessante pour notre amour-propre.

Il y a des professions où il est difficile de supprimer l'amour-propre ; elles en vivent ; c'est le cas des artistes exécutants, des musiciens, des conférenciers, de tous ceux qui se présentent au public avec l'espoir de recueillir, non seulement ses largesses, mais aussi ses suffrages. Il n'y a qu'un moyen pour ces chercheurs de succès de conserver leur assurance : c'est d'élever leur pouvoir à la hauteur de leurs ambitions ; il faut qu'ils acquièrent une virtuosité telle que leur succès soit certain aux yeux d'un public dont la compétence est souvent limitée. Je pense même que de vrais artistes, un Beethoven, un Mozart, n'ont pas dû éprouver ces craintes ; ils vivaient trop leur musique pour rechercher les applaudissements.

Pour tous ceux qui n'ont pas à courir après les succès mondains, il y a un meilleur moyen de diminuer la timidité : c'est de supprimer l'amour-propre, le désir d'être apprécié pour soi-même. On disparaît alors derrière la tâche que l'on entreprend. Nous pouvons avoir encore des doutes sur la possibilité de l'accomplir, mais notre personne n'est plus en jeu ; nous ne nous posons plus la question oiseuse et toujours dangereuse : Quelle tête vais-je faire ?

Nous n'arrivons à cette impersonnalité, qui nous met à l'abri de la timidité, que par l'humilité. L'oubli de nous-mêmes nous permet de nous enflammer pour une cause, de nous en faire l'apôtre. L'homme politique entraîne les masses quand il défend une cause qui lui est chère ; le conférencier reste calme quand il a quelque chose à dire et ne recherche le succès que pour l'idée qu'il soumet à ses auditeurs. Plus il est convaincu, emballé, moins il songera à sa propre personne, à son entrée, au salut qu'il va faire à l'auditoire, à l'élégante péroraison qu'il a préparée.

On voit encore sur la joue de conférenciers muscadins apparaître le rouge de la timidité ; cela leur passera, soit qu'ils s'aguerrissent par le sentiment croissant de leur talent, soit que, mieux encore, ils arrivent plus avant dans leur conviction.

Il serait bon, ce me semble, de reconnaître la vanité de l'amour-propre, de voir les pièges qu'il nous tend. Dans la tragi-comédie que représente la vie humaine, nous ne sommes que les acteurs, les figurants ; c'est la direction qui nous habille tous, les uns, de riches pourpoints et de chapeaux à plumes, les autres, de la bure du paysan. Jouons notre rôle, mais n'allons pas nous croire grands seigneurs. Dépouillés dans la coulisse des ornements qu'on nous a fournis, nous serons tous des besogneux dépendant les uns des autres. N'est-ce pas une raison d'humilité ?

MODÉRATION

Voulez-vous enrichir Pythoclès, n'ajoutez point à ses richesses, ôtez à ses désirs. — Quel bonheur d'expression dans ce conseil qu'Épicure adressait à Idoménée !

On a prêché de tous temps les avantages d'une vie simple, exempte d'ambitions, les charmes de « l'aurea mediocritas »; mais on est toujours tenté de suspecter ce renoncement aux biens du monde quand ceux qui le recommandent ne sont pas à plaindre ; on plaisante sur cette médiocrité d'or en insinuant qu'elle doit être dorée. On a reproché à Sénèque d'avoir vanté les avantages de la pauvreté alors qu'il accumulait les richesses, et l'on serait tenté de répondre à ces prôneurs de vertu : Vous avez raison, il faut savoir se contenter de son sort quand il est bon.

Il y a, en effet, des limites à tout, et nous n'aurons aujourd'hui aucune envie d'imiter Diogène et de vivre dans un tonneau, encore que cela nous éviterait bien des ennuis de propriétaire. Il ne serait pas bon d'arriver à une pareille simplification de la vie, qui nous ramènerait à l'insouciance du lazzarone napolitain.

Le désir sous ses formes diverses est le seul ressort de l'activité humaine ; il faut le tendre, dirai-je, jusqu'au dernier cran, afin qu'il déclenche l'énergie de vivre. Mais quelque chose doit diriger cette force, sans la diminuer, et ce quelque chose, qu'on oublie trop, c'est l'esprit de solidarité.

Voyons dans tous nos actes les suites probables, non seulement pour nous, mais pour les autres, pour l'humanité tout entière. Alors seulement notre activité devient fructueuse pour l'ensemble, comme celle de ces pionniers qui ont su faire fortune en ouvrant à leurs semblables un immense champ d'activité. Encore ne faut-il pas que l'égoïsme relève la tête et se montre dominant ; cela ôterait au résultat une grande partie de sa valeur. On blâme alors cet égoïsme qui veut paraître altruiste ; aussi est-il rare que le commerçant, l'industriel, qui s'enrichit recueille la reconnaissance de ceux dont il assure le pain. Tout n'est pas basse envie dans l'ingratitude des classes ouvrières. Je ne sais plus qui a écrit : « Un homme d'esprit et de cœur ne fait fortune qu'à son insu. »

Il est permis à chacun de rechercher les biens qu'il désire et d'appliquer à cette poursuite toutes les énergies dont il dispose ; mais qu'il se garde d'oublier la pensée éthique. Ces avantages lui donnent la puissance pour le bien, la faculté d'aider les autres moins bien dotés de fortune, d'intelligence, de clairvoyance morale. Ces dernières qualités ne s'achètent pas à prix d'argent, mais elles n'en sont pas moins difficiles à acquérir. Souvenons-nous que nous sommes des privilégiés, aussi bien quand nous avons la chance de ne pas trop souffrir de myopie morale que quand nous avons l'intelligence, la santé physique ou l'argent. Que la pitié naisse aussitôt pour ces innombrables disgraciés auxquels nous reprochons cruellement, sinon leur pauvreté, du moins leur bêtise et surtout leur amoralité.

La plus jolie fille ne peut donner que ce qu'elle a, dit-on. De même l'homme ne peut employer que les dons qu'il a reçus. Enrichissons nos semblables de vues morales, en même temps que nous les aidons matériellement ; tendons la main aux autres pour les faire monter dans la galère souvent luxueuse sur laquelle nous entreprenons le voyage de la vie, au lieu de frapper de la rame la tête de ceux qui se noient.

Si légitimes que soient les aspirations au bien-être qui ont fait la civilisation, gardons-nous de nous laisser dominer par elles. C'est notre devoir vis-à-vis des autres de réprimer cette ambition personnelle ; c'est dans l'intérêt même de notre tranquillité. La douleur de ne pas arriver est d'autant plus amère que le désir en est plus vif. « Cessez d'espérer et vous cesserez de craindre », disait Hécaton. La crainte, en effet, ce sentiment si contraire à notre bonheur, se mêle toujours à notre espoir ; elle naît de l'irrésolution, du trouble, où nous jette l'avenir. Nous empoisonnons la vie présente par ces appréhensions en même temps que par l'inutile souvenir de nos malheurs passés.

Dans son *Art de vivre*[1], le Dr Toulouse rapporte qu'en Chine un dicton courant est, dans les situations pénibles, de « se faire le cœur petit ». Si cette expression pittoresque doit encourager l'indifférence égoïste, la sécheresse du cœur, je n'admirerais guère cette sagesse chinoise. Mais elle peut signifier aussi que, pour passer à travers les écueils de la vie, il ne faut pas gonfler son cœur d'ambitions, le faire trop gros ; alors le conseil vaut celui d'Épicure.

C. Wagner, dans ses admirables conférences morales[2], a bien montré la nécessité de revenir à une vie simple, à cette modération du désir qui, non seulement en assure la réalisation, mais nous fait éviter l'écueil des plaisirs mauvais cachés sous les fleurs du luxe élégant.

1. Paris, Bibliothèque Charpentier, 1906.
2. C. Wagner. *La vie simple*. A. Colin et Cie, Paris.

Surtout, n'oublions jamais les autres. « Point de possession agréable si elle n'est pas partagée », disaient les philosophes anciens dans la netteté de leur pensée gréco-latine ; les lettres de Sénèque à Lucilius scintillent de ces perles d'enseignement moral.

L'ambition devient plus délétère encore quand elle recherche les honneurs, la notoriété, la domination des autres. Cette soif de popularité de mauvais aloi s'associe à l'espoir du gain facile et fausse la mentalité des hommes qui paraissent les mieux doués. Elle crée le scepticisme vis-à-vis de tout ce qui est vertu ; elle ruine l'esprit de véracité et répand dans les masses, si bêtement suggestibles, l'âpre tendance à l'arrivisme.

Des pays entiers sont atteints par cette corruption, et on se demande comment ils sortiront de cette situation. Les agglomérations croissantes des grandes villes favorisent l'extension du mal ; il contagionne les petits centres de province, sans leur apporter en retour la richesse de vie artistique, littéraire, la fine culture, qui, en dépit de ses écarts, garde sa valeur moralisante.

Les professions libérales, scientifiques ou artistiques ne sont pas à l'abri de ces ambitions mondaines, de la recherche égoïste du succès. Un mercantilisme éhonté s'introduit dans des carrières qui sembleraient devoir développer l'altruisme. La sincérité se perd dans ce souci de réussir, de dépasser les autres, alors que les aptitudes que nous avons la chance de posséder devraient être mises en commun, exploitées pour le bien de tous. « Noblesse oblige » devrait être l'adage de tous ceux qui ont des privilèges.

Il est un point sur lequel on n'a guère fixé l'attention en recommandant la modération du désir : c'est la santé. C'est encore aux anciens qu'il faut recourir pour retrouver cette notion de la patience vis-à-vis de la maladie, cette philosophie stoïque qui n'aide pas seulement à supporter les maux, mais les diminue ou les guérit. Écoutez cette lettre de Sénèque à son ami quelque peu neurasthénique : « Je vais vous dire quelles furent mes consolations, après vous avoir dit toutefois comment les principes mêmes sur lesquels je m'appuyais agirent sur moi à l'égal de médicaments. Des consolations honnêtes se changent en remèdes, et tout ce qui relève l'âme fortifie le corps. Mes études m'ont sauvé ; c'est à la philosophie que j'attribue mon rétablissement, mon retour à la santé ; je lui dois la vie, et c'est la moindre des obligations que je lui ai. Mes amis ont aussi contribué pour beaucoup à ma guérison ; leurs exhortations, leurs soins et leur conversation me soulageaient. Il faut que vous sachiez, mon cher, mon excellent Lucilius, que rien ne remet et ne soutient un malade comme les marques d'affection de ses amis; il n'est rien de si propre à écarter de sa pensée l'attente et la crainte de la mort. Il me semblait que je ne mourrais point puisqu'ils me survivraient; il me semblait que je vivrais, sinon avec eux, du moins par eux; je ne croyais pas rendre l'âme, mais la leur transmettre. Voilà ce qui m'a décidé à me soigner et à supporter toutes mes souffrances; autrement, ce serait chose bien misérable, après avoir eu le courage de mourir, de n'avoir pas celui de vivre. »

Il écrivait ces lignes si belles au sortir d'une grave maladie, pendant laquelle il avait songé au suicide libérateur; il y renonça par égard pour son vieux père.

Il termine par cette fine satire des mœurs médicales d'autrefois; elles ont changé en mal, puisqu'elles se sont compliquées d'une foule de méthodes thérapeutiques, d'innombrables médicaments et de la réclame :

« Adoptez donc ce genre de traitement. Le médecin vous recommandera la marche et l'exercice, vous interdira l'inaction à laquelle la mauvaise santé n'incline que trop, vous prescrira de lire à haute voix et d'exercer la respiration, dont le canal et le réservoir sont affectés, vous dira de naviguer et de secouer vos entrailles par un doux exercice, vous indiquera les aliments dont vous devez user, les circonstances où vous devez prendre du vin pour vous donner des forces ou en suspendre l'usage pour ne pas provoquer ou irriter la toux. Mais moi, ce n'est pas seulement un remède pour cette maladie que je vous donne, c'est un remède pour toute la vie. Méprisez la mort. Rien ne nous afflige plus quand nous avons cessé de la craindre. »

Que nous sommes loin de cette mentalité! Il y a aujourd'hui un besoin de bien-être physique qui nous mène tout droit à la « douilletterie » et à l'hypocondrie. Le monde est plein de gens inquiets, qui surveillent anxieusement leurs fonctions organiques les plus infimes et évoquent à propos des moindres malaises l'horrible spectre de la mort.

Dès que leur santé s'altère par des causes accidentelles et passagères, ils se croient perdus; ils ne se contentent pas de recourir à un médecin de confiance qui, en ami, saurait les tranquilliser et joindre à sa thérapeutique, toujours discrète, quelques conseils de tenue morale; ils vont de médecin en médecin, essaient tous les régimes, avalent drogue sur drogue, en cherchent de nouvelles dans ces spécialités que jettent sur le marché la pharmacie et la chimie modernes.

On comprend aujourd'hui, mieux peut-être qu'au XVIIIe siècle, la lettre quelque peu déconcertante qu'écrivait à un confrère de Montpellier le Dr Tronchin, le médecin de Voltaire et de Rousseau, où il se demandait si l'existence de l'art médical était un bien pour l'humanité. Tronchin est ici d'accord avec Rousseau, qui met soigneusement son Émile à l'abri des médecins et écrit : « Un corps débile affaiblit l'âme. De là l'empire de la médecine, art plus pernicieux aux hommes que tous les maux qu'il prétend guérir. Je ne sais, pour moi, de quelles maladies nous guérissent les médecins, mais je sais qu'ils nous en donnent de bien funestes : la lâcheté, la pusillanimité, la crédulité, la terreur de la mort ; s'ils guérissent le corps, ils tuent le courage. »

Quel *tolle* soulèverait ce scepticisme dans le monde de nos Esculapes modernes ! Est-ce peut-être parce que la situation a changé et que, par un travail acharné, nous aurons bientôt trouvé un remède à tous les maux ? — Hélas, non.

Sans doute, l'art médical a fait des progrès. La chirurgie, en particulier, a aujourd'hui le verbe haut ; elle s'attaque à tous les organes : au cerveau, à la moelle épinière, au cœur même, qu'elle met à nu et répare ; il n'y a qu'à refermer la fenêtre qu'on a ouverte dans la poitrine ; celle-ci n'a pas plus de droit au respect que le ventre, qu'on peut quasi vider de tout ce qu'il contient.

Il ne me vient pas à l'idée de méconnaître cette brillante envolée de la chirurgie ; je suis d'avis qu'aussitôt que nos opérateurs peuvent nous délivrer d'un mal ou améliorer notre situation, nous avons grand tort de nous laisser arrêter par nos pusillanimités, par la crainte de la douleur, par cet effroi vague, irraisonné, qu'éveille le mot « opération ».

Nous devons à ces illustres successeurs des barbiers d'autrefois de brillantes conquêtes, et nous pouvons aujourd'hui nous abandonner à leurs mains expertes et consciencieuses. Mais il y a une foule de maladies où il n'y a rien à opérer, eût-on la manie du bistouri. C'est ici qu'intervient la médecine; or, si ses moyens sont nombreux, ils ne sont pas souvent efficaces: *multa sed non multum*. Après s'être égarée dans les voies d'une absurde polypharmacie, qui justifiait le scepticisme du grand Tronchin, elle a cru s'assagir en revenant aux moyens physiques: balnéothérapie, régime alimentaire, mesures d'hygiène.

Malheureusement, dans un désir évident de bien faire, elle n'a pas su garder le doute philosophique; elle a trop vite conclu de quelques expériences, de vues théoriques basées sur une connaissance nécessairement incomplète du chimisme organique. Érigeant en dogmes des vérités de détail, généralisant trop tôt, elle a créé un corps de doctrines qui paraît imposant comme la façade d'un bel édifice. Mais entrez, faites manœuvrer tous ces appareils qui doivent nous apporter la santé, et vous verrez combien sont précaires les résultats.

Bien plus, ces espérances, annoncées souvent au public à son de trompe, ont développé chez lui cette préoccupation continuelle de santé qui est la plaie des générations actuelles.

Les prescriptions de régime alimentaire ont surtout développé cette tendance, et l'on pourrait dire que pour un malade que guérissent ces praticiens fanatiques de régime, il y en a cent qu'ils mènent tout droit à la petite hypocondrie, peut-être même à la grande, qui n'en est que le développement.

Si l'on excepte quelques questions sur lesquelles on discute encore, comme celle de l'abstinence des boissons alcooliques ou l'opportunité d'un régime plus végétarien, la question de l'alimentation est à peu près résolue. L'homme trouve dans les nourritures les plus diverses la ration qui lui est nécessaire. S'il est utile de faire des prescriptions de régime aux malades atteints d'une véritable maladie de l'estomac ou des intestins, c'est un abus de faire mener une vie de valétudinaire à tous ces nerveux impressionnables dont les troubles gastro-intestinaux ne sont que le contre-coup de leur émotivité. Suggestibles à l'excès, ces malheureux supportent avec une patience angélique, pendant des années, les restrictions les plus sévères de l'alimentation. Il y en a qui s'habituent si bien à ce rôle d'éternels malades qu'ils ne semblent plus avoir le désir de guérison. Et pourtant, il est si facile de les ramener à la vie normale, dès que l'on sait déceler sous ces maux d'apparence physique la pusillanimité vis-à-vis de la souffrance, l'absence de jugement qui entraîne les conclusions hâtives !

Évitons de tomber dans cette disposition hypocondriaque et vivons dans une fortifiante conviction de santé. Sachons passer, comme chat sur braise, sur tous ces malaises journaliers qui cesseraient vite si nous ne les prolongions pas, qui seraient légers si nous ne les aggravions pas par la crainte. C'est cette vulgaire « frousse » qu'on retrouve dans la plupart des états dits névropathiques. Elle crée ces faux gastropathes si nombreux aujourd'hui, ces malades atteints des phobies les plus diverses, ces êtres sans tempérament qui reculent devant toutes les tâches, hantés qu'ils sont par la conviction anticipée de leur incapacité.

Il ne faut se décider qu'en cas de nécessité à se porter malade et à entrer à l'infirmerie, et Talleyrand a trouvé le mot juste quand il a dit qu'il faudrait être « bien-portant imaginaire ».

PATIENCE

Le mot « patient » s'applique à celui qui souffre, comme à celui qui sait souffrir. Or ce sont là deux idées très différentes, voire même opposées.

Celui-là souffre réellement qui est plongé dans sa souffrance, l'augmente par sa constatation chagrine, la décuple par ses appréhensions.

Un jeune homme auquel je m'apprêtais à soumettre quelques principes de stoïcisme vis-à-vis de ses maux m'arrêta aux premiers mots en me disant : « Je comprends, docteur ; laissez-moi vous expliquer. » Et prenant un crayon, il dessina sur une feuille de papier un gros point noir. « Ceci, dit-il, c'est *le mal,* dans son sens le plus général : mal physique, — rhumatisme, mal aux dents, ce que vous voudrez, — mal moral, — tristesse, découragement, mélancolie. Si je le constate en fixant sur lui mon attention, je trace déjà un cercle à la périphérie de la tache noire ; elle est devenue plus grosse. Si je le constate avec maussaderie, la tache s'agrandit d'un nouveau cercle. Me voilà m'occupant de ma souffrance, cherchant les moyens de m'en débarrasser ; la tache ne fait que grandir. Si je me préoccupe, si j'appréhende les conséquences, si je vois l'avenir en noir, j'ai doublé ou triplé la tache primitive. » Et me montrant le point central de ces cercles, le mal réduit à sa plus simple expression, il me dit en souriant : « N'aurais-je pas mieux fait de le laisser comme il était ? »

« On exagère la douleur, on l'imagine, on l'anticipe », écrivait Sénèque. Il y a longtemps que je dis à mes malades découragés et que je me répète à moi-même : « Ne bâtissons pas un second étage sur notre tristesse en nous attristant d'être triste », et l'une de mes interlocutrices me donna raison en me citant ces mots de saint François de Sales : « J'en ai vu plusieurs qui, s'étant mis en colère, sont, par après, en colère de s'être mis en colère ; et semble tout cela aux cercles qui se font en l'eau ; car il se fait un cercle petit, et celui- en fait un plus grand, et cet autre un autre. » On retrouve ici l'image des cercles concentriques figurant l'aggravation de notre souffrance physique ou morale.

Celui qui sait souffrir souffre moins. Il accepte le mal tel qu'il est, sans y ajouter les affres qu'amènent la préoccupation, les appréhensions. Comme l'animal, il réduit la souffrance à sa plus simple expression; il va même plus loin que ce dernier: il diminue la souffrance par la pensée; il arrive à l'oublier, à ne plus la sentir.

Quelle élégante forme a donnée Sénèque à cette pensée dans sa lettre LXVIII à Lucilius: « Gardez-vous d'aggraver vous-même vos maux et d'empirer votre position par vos plaintes. La douleur est légère quand l'opinion ne l'exagère point; et si l'on s'encourage en se disant: *ce n'est rien,* ou du moins: *c'est peu de chose, sachons l'endurer, cela va finir,* on rend la douleur légère à force de la croire telle. »

Oui, la douleur devient légère quand on sait la considérer comme telle, quand on ne trace pas autour d'elle ces cercles concentriques que décrivait ingénieusement mon neurasthénique, quand on ne la multiplie pas par la crainte.

Ah, ce n'est pas ce stoïcisme de bon aloi qui règne aujourd'hui. Nous abhorrons la souffrance et voulons en être débarrassés à tout prix. La médecine moderne, avec ses anesthésiques, nous a gâtés, et nous recourons à ces poisons pour la moindre petite opération, pour une avulsion de dent qui ne dure qu'un instant. Nous en sommes souvent punis par des suites désagréables; il y a même des gens qui paient de leur vie leur pusillanimité.

Il serait bon de revenir à un peu plus de rudesse vis-à-vis de soi-même et de réserver ces moyens d'atténuer la souffrance aux opérations très douloureuses, de longue durée, à celles encore où l'immobilité du patient est nécessaire au succès. La crainte de la souffrance, tant morale que physique, amène de nombreux malades à l'alcoolisme, à la morphinomanie; leur sensibilité augmente encore sous l'influence du poison et aboutit à une incroyable hyperesthésie, physiquement, à l'égard de la moindre sensation désagréable : attouchement léger d'un membre douloureux, contact d'une main froide sur la peau ; moralement, à la moindre contrariété ; le malade semble un « écorché » au moral comme au physique.

C'est surtout contre la souffrance morale que l'homme se regimbe, se montre craintif et impatient. Cette souffrance, en effet, est plus centrale ; elle atteint directement le « moi ». Nous supportons plus difficilement un état d'affaissement mental, de tristesse, l'assaut de pensées mélancoliques, que la douleur d'un rhumatisme, et comme c'est la mentalité même qui est atteinte, l'ennemi est dans la place ; nous avons plus de peine à nous défendre.

Est-ce impossible ? — Non. Notre moi n'est pas simple ; il y a chez nous comme un dédoublement normal de la personnalité. Dans le cours de toute notre vie, nous délibérons et sommes en continuelle conversation avec nous-mêmes ; les gens qui parlent tout seuls, posent des questions et y répondent, sont des impulsifs, qui trahissent ainsi leur conversation intime.

C'est, je dirai, dans l'isolement d'un « moi intime », inaccessible aux suggestions du moi second, que réside cette force de résistance, cette aptitude à diminuer sa souffrance qu'ont si bien enseignée et pratiquée les stoïciens. Il y a là un moyen de ne pas laisser pénétrer la souffrance jusqu'à ce moi intime ; il reste indemne, comme la partie centrale d'une tige de bois qu'on plongerait dans un bain de matières colorantes et dont les couches externes seules se colorent. J'ai vu bien des malades sujets à des crises de dépression, d'angoisse morale, capables de diminuer leur souffrance par la réflexion tranquille et assister dans un sentiment de mélancolie douce aux désordres de leur mentalité.

Il ne s'agit nullement d'échapper à la souffrance en se rendant indifférent. Ce fut le défaut des Épicuriens d'avoir fait consister le bonheur dans « l'absence de trouble », dans « l'ataraxie ». On s'est trompé en attribuant à ces philosophes hédonistes des mœurs relâchées ; mais ils n'ont pas pu éviter un certain égoïsme. Épicure renonça au mariage pour ne pas se compliquer l'existence ; il trouvait qu'il avait suffisamment à faire pour s'assurer sa propre tranquillité, sans se charger encore de celle des autres. Il oubliait la douceur de la souffrance, son influence éducative en ce qu'elle introduit dans les rapports humains la tendresse altruiste, les sentiments de pitié et de vaillance virile ; ces vertus disparaîtraient si le stoïcisme agissait sur nous à la façon du chloroforme.

Il y a dans tout stoïcisme chrétien ou philosophique un écueil à éviter : c'est celui d'un quiétisme égoïste. On l'évite en substituant à l'idée amollissante du repos la notion de la vie active, qui exalte le courage et nous fait trouver le plaisir dans la lutte.

La patience vis-à-vis des événements inéluctables, ne dépendant ni de nous ni des autres, est synonyme de *fatalisme* ; c'est une vertu, et c'est la seule tenue possible en face de l'inévitable. Les musulmans ont su mieux que les chrétiens ancrer dans leur âme ce sentiment bienfaisant ; ils craignent moins la mort et acceptent avec une résignation douce les malheurs qu'ils ne peuvent écarter d'eux. Les chrétiens sincères devraient pouvoir se soumettre aussi, joyeusement, aux décrets de la Providence. La notion de nécessité suffit au philosophe. Nous sommes tous dans la même situation vis-à-vis de ce qui est et de ce que nous ne pouvons pas changer. L'avantage sera toujours à celui qui, sur des convictions quelconques, saura asseoir une résignation tranquille.

Notre impatience se montre tout particulièrement dans nos rapports avec nos semblables ; c'est là qu'on remarque l'absence d'esprit de support, le manque d'adaptation à la vie en commun. Nous souffrons journellement de la conduite des autres, et sitôt que leurs actes sont contraires à nos intérêts, contrecarrent notre besoin de bien-être, nous sommes prêts à leur attribuer des intentions malveillantes et à faire échange de mauvais procédés. Nous nous livrons à la colère, cette passion si contraire à l'esprit de solidarité, plus désastreuse encore pour celui qui s'y abandonne que pour celui qui en est l'objet.

Ici encore, c'est la notion claire du déterminisme moral qui nous remet sur le droit chemin. Nos semblables n'agissent qu'en vertu de leurs représentations mentales actuelles; ils croient le plus souvent bien faire, être animés de bonnes intentions. Même quand ils reconnaissent à leur acte un caractère immoral, quand ils se vengent et veulent intentionnellement faire de la peine, c'est qu'ils estiment avoir quelques raisons pour cela. Ainsi, un homme écrit une lettre anonyme ; un ami lui fait remarquer que c'est un acte indigne. « Oui, répond le coupable, je le sais, ce n'est pas bien ce que je fais là, mais mon adversaire m'a assez fait souffrir ! » Sa raison troublée obéit à l'odieux adage : œil pour œil, dent pour dent ; il est comme l'enfant qui sait qu'il ne faut ni injurier ni frapper et s'excuse en disant que c'est son adversaire qui a commencé. Que d'adultes qui restent à ce point de vue enfants toute leur vie !

En présence des gens qui nous font du mal, sachons voir dans leurs actes le fruit des seules pensées que permette leur mentalité du moment, et évitons de nous laisser contagionner par l'état d'âme que nous blâmons en eux ; restons calmes et indulgents, ce qui ne veut pas dire lâches ; il faut plus de force pour garder le calme que pour s'abandonner à la colère.

Détournons-nous si notre adversaire est rebelle à nos conseils. Si, par contre, nous croyons pouvoir modifier sa disposition d'esprit, faisons-le avec douceur, par l'exposé clair et net des situations réciproques.

Avant tout, sachons reconnaître nos propres torts ou, à défaut, comprendre que des actions légitimes à nos yeux aient pu être interprétées par notre adversaire dans un sens défavorable ; ne lui tenons pas rigueur de ce manque de clairvoyance.

Ce n'est pas seulement en face de la malveillance que nous nous irritons. Nous nous laissons impatienter, énerver, par la manière de faire des autres, par leurs plus innocentes manies, sans songer que nous en avons aussi dont ils pourraient prendre ombrage. Nous manquons de patience vis-à-vis des nôtres, même quand ils sont malades ; nous trouvons bien vite exagérées leurs exigences, et quand nous sommes souffrants, nous réclamons des petits soins, sans nous soucier de la fatigue que nous imposons.

Lorsqu'on veut nous morigéner, nous amener à de meilleurs sentiments, nous supportons mal cette ingérence dans notre vie ; il faut mettre des gants pour nous parler. Par contre, quand nous croyons devoir jouer le rôle d'éducateurs, nous voulons être compris aussitôt, obéis, et c'est sur un ton aigre que nous présentons les observations dont nous admettons d'emblée la souveraine justesse. Il nous faudrait un peu plus de doute sur notre infaillibilité, plus de patience dans la correction de la mentalité des autres. Il faudrait surtout avoir prouvé son aptitude éducatrice en l'appliquant à soi-même, avoir acquis déjà cette maîtrise de soi dont nous constatons avec tant d'impatience l'absence chez les autres.

Nous nous irritons, non seulement contre les autres, mais contre nous-mêmes. Ce serait bien si nous nous contentions de nous faire avec bonhomie l'aveu : Que je suis donc bête ! Mais nous y mettons de l'acrimonie, nous tombons dans les scrupules, et nous créons ainsi une disposition d'esprit maussade, qui est un nouvel obstacle à notre relèvement.

Comme des enfants, nous nous impatientons de ne pas réussir immédiatement dans notre travail, au lieu de le recommencer avec plus de calme, de patience. Nous ne souffrons pas seulement du présent, nous revivons le passé, pour évoquer toutes les images mentales attristantes ; nous traînons après nous le boulet des souvenirs, soit qu'il s'agisse d'événements indépendants de notre volonté, sur lesquels nous aurions dû passer bien vite l'éponge de l'oubli, soit que nous entretenions l'éternel et inutile regret de fautes commises.

Le regret, c'est le souvenir de la douleur passée, avec le sentiment qu'elle aurait pu être évitée si nous avions fait attention. Mais à quoi bon ce regret paralysant, puisque nous envisageons un passé ? Il n'y a qu'un point à retenir dans ce souvenir : c'est la représentation de la faute commise, pour l'éviter à l'avenir.

Le regret nous saisit quand nous avons négligé de prendre des précautions, agi précipitamment, d'une façon inconsidérée. Il devient *le remords* quand nous avons transgressé les lois éthiques dont nous nous étions fait un Idéal. Il s'agit de plus hauts intérêts que ceux que compromet un oubli, une maladresse. L'intensité du remords donne la mesure de notre moralité, c'est-à-dire de notre attachement pour la vertu ; il y a une trahison dans ce manque de fidélité à notre Idéal ; nous nous le reprochons comme les sentiments mauvais que nous pouvons avoir à l'égard de ceux que nous aimons.

On oserait dire que celui qui n'a pas de remords est plus excusable; les barrières morales n'existent pas au fond de lui-même; il est inconscient du mal qu'il fait. La culture morale, par contre, rend l'âme toujours plus sensible, et chaque infraction est punie par la souffrance intime; c'est la sanction de notre responsabilité personnelle.

Constatons nos fautes dans une contrition salutaire, mais ne restons pas dans un état d'âme triste, aussi pénible pour ceux qui nous entourent que pour nous-mêmes. Le remords, c'est le chien de berger donnant un coup de dent à la brebis qui s'écarte du troupeau; il ne doit pas continuer à mordre quand elle est rentrée dans le rang et ne demande qu'à bien faire.

On conçoit l'éternel remords dans le crime, et le coupable souffrira d'autant plus qu'il reconnaîtra toute l'étendue de sa faute; étrange contradiction, à première vue, que cette punition d'autant plus sévère qu'on a l'âme plus délicate et qui épargne, au contraire, l'amoral. Mais, en revanche, le repentir a sa douceur et nous pousse plus impérieusement vers l'Idéal rêvé.

Dans notre vie, où le regret est plus fréquent que le remords, évitons de prolonger la souffrance morale, pour autant qu'elle paralyse nos efforts vers le bien. Il est bon de sentir toute l'acuité du blâme que l'on s'adresse, de ne diminuer en rien cette contrition ; qu'elle aille jusqu'au bout et rapidement, jusqu'à nous jeter à terre ; mais aussitôt songeons au relèvement, qui n'est possible que dans une disposition courageuse. Comme la balle de caoutchouc qui a touché le sol, nous devons rebondir. Dès que nous avons reconnu notre faute, nous entrons dans une courbe rapidement descendante de découragement ; arrivés au bas, nous remontons dans une courbe ascendante de vaillante résolution, et c'est avec une joie croissante que nous nous remettons à l'œuvre de réparation.

La nécessité de couper court au vain remords ou, plutôt, de le faire servir au relèvement de nous-mêmes n'est pas présente à l'esprit de la plupart des gens, et l'on voit des malheureux, — on les classe aussi dans le tiroir déjà trop plein de la neurasthénie, — qui passent leur vie courbés sous le regret du passé. Mais, comme ils comprennent vite quand on approuve leur noble contrition pour les remettre sur le droit chemin ! Ils voient aussitôt qu'ils n'y peuvent rentrer qu'en relevant la tête, en marchant joyeusement vers le but : le perfectionnement de leur mentalité.

C'est de la patience, une patience inlassable, qu'il faut

pour savoir supporter au jour le jour tout ce que nous apporte la vie : les contrariétés, les malheurs, la maladie, les souffrances morales ; ces dernières sont d'autant plus amères que nous les créons par nos propres fautes. Comme un pilote au milieu des écueils et de la tempête, nous devons conserver le sang-froid qui seul peut nous sauver, nous et ceux dont nous avons charge. Savoir souffrir est la première condition de cette patience courageuse.

VAILLANCE

ALPHONSE Daudet donna, dit-on, à un de ses fils une bague dans laquelle étaient gravés ces mots : *Memento vivere*. C'est la devise d'un vaillant optimisme.

Les pessimistes penseront qu'il n'est point nécessaire de nous rappeler qu'il faut vivre ; le fardeau de l'existence ne leur paraît que trop présent et pesant.

Ce n'est pas vivre que subir la vie en gémissant. Elle doit être active, joyeuse. Elle est si courte qu'il est dommage d'en perdre même quelques instants dans la tristesse, pénible pour nous et désagréable pour les autres ; nous gaspillons, en nous livrant aux sentiments tristes, le petit capital de bonheur dont nous pourrions jouir dans ce monde. Mieux vaudrait, avec Montaigne, dire de la tris tesse : « Je suis des plus exempts de cette passion, et ne l'ayme ny l'estime. »

Tout le monde n'a pas, il est vrai, cette belle santé mentale, et ceux à qui la vie est dure trouveront une cruelle ironie dans cet encouragement à prendre la vie gaiement. Cette joie de vivre est, en effet, introuvable si nous la cherchons dans les événements. Les plus privilégiés ne trouveraient dans leur existence que quelques brèves périodes de bonheur facile, amené par le concours des circonstances ; ce bonheur-là n'est accessible qu'aux jeunes, à l'âge où se trouvent réunies la force, la santé, l'insouciance juvénile, aidées du succès dans la carrière choisie. Que de malheureux ont dû, d'emblée, renoncer à toutes ces satisfactions !

Sous l'influence de l'hérédité, de l'atavisme, souvent par la faute des parents, par le fait de conditions hygiéniques défavorables, beaucoup d'enfants trouvent la maladie dans leur berceau et ne jouiront jamais de la santé physique, ce bien si précieux. Plus disgraciés encore sont ceux à qui la nature a donné l'esprit chagrin, ces « âmes douloureuses », comme les appelle W. James, qui ne peuvent réagir qu'à rebours, dans le sens de la tristesse, leurs cordes psychiques se relâchant sous la pression des brutalités de l'existence.

Une visite dans un hôpital d'enfants étale sous nos yeux cette horrible misère physiologique, d'autant plus révoltante que ceux qui en souffrent sont innocents et qu'on prévoit toute l'âpreté de leur vie ultérieure, quoiqu'ils semblent souvent ne pas y songer. Déjà là, cependant, dans ce lieu de souffrance, nous sentons planer l'ange du courage, de la résignation joyeuse, évoqué par l'altruisme de ceux qui pansent ces plaies et réchauffent ces cœurs meurtris. Il y a plus de douceur dans cette atmosphère que dans la gaieté bruyante d'une bande d'écoliers heureux. Il y a de la bonne souffrance au milieu de toutes ces misères ; il y a l'espérance de les diminuer par l'hygiène publique et privée, par toutes ces œuvres de solidarité humaine qui doivent prendre une place toujours plus grande dans nos préoccupations.

La maladie de l'âme s'observe plus rarement à cet âge naturellement porté à la gaîté et sur lequel ne pèsent pas encore les responsabilités. Mais, dès l'adolescence, nous voyons apparaître la souffrance psychique, ces états mentaux qu'on qualifie aujourd'hui de neurasthénie et dans lesquels dominent l'indécision, le scrupule, le manque de confiance en soi-même, cette peur de vivre qui amène une lamentable inaptitude à jouir d'un peu de bonheur et fait désirer le suicide, même à des enfants. On voit des fillettes qui, hantées déjà par la crainte de la maladie, de la mort, ne peuvent s'abandonner un instant à la joie naïve de l'enfant.

Ces martyrs de l'hérédité et de l'éducation faussée sont innombrables. Le monde ne les comprend pas ; il les rudoie. Il n'y a point d'hôpital aux lits blancs et proprets, point de doux visages de sœurs, pas de médecin d'une bonté un peu bourrue, pour ces malheureux dont l'âme est souffrante et qui auraient besoin d'être à la fois plaints et secoués. On ne sait pas où les mettre ; l'asile d'aliénés, qui semblerait tout indiqué, serait pour eux une geôle ; la famille, qui devrait être le refuge, est le lieu où est né le mal, non seulement par la voie inéluctable des hérédités psychopathiques, mais encore par l'éducation, par la contagion mentale. Les parents, le plus souvent, ne reconnaissent pas ces similitudes de mentalité et, tout aussi malades d'esprit que leur rejeton, lui reprochent sa misère.

Chez ce « subject merveilleusement vain, divers et ondoyant » qu'est l'homme, on surprend d'étonnantes contradictions. Tel qui est intelligent dans ses études manque totalement de cette clairvoyance morale déterminant la conduite et gâche son existence par ses veuleries ; telle jeune fille, qui se dépense dans des œuvres d'altruisme et vit dans l'esprit d'une religion sincère, lutte sans succès contre un égoïsme natif tellement contradictoire avec son dévouement qu'on a cru devoir inventer le mot d' « égotisme » et qu'on parle de dispositions « égocentriques », afin de ne pas blesser la susceptibilité des malades.

Là encore le mal n'est pas incurable. Il faut avoir vu

s'illuminer ces figures soucieuses sous l'action d'une orthopédie patiente, indulgente et encourageante pour comprendre la beauté d'une « médecine de l'esprit », émanation directe d'une éthique rationnelle.

Il faut que le cabinet du médecin devienne un dispensaire psychothérapique, où l'on ne distribue pas d'ordonnances pour la pharmacie, mais où on jette sans compter dans l'entendement du malade toutes ces semences de vaillance stoïque, ces motifs de la raison, non froide, mais sereine, qui seuls peuvent corriger les défauts de notre mentalité innée et acquise.

Que dire de ces malheureux, plus nombreux encore, qui ont la santé physique, des dons d'intelligence, des circonstances de vie particulièrement heureuses, et qui s'égarent parce qu'ils n'ont point été éduqués à développer leur vie morale? A eux de voir qu'ils n'ont pas autant de droits à se plaindre que les déshérités, à eux de trouver en eux-mêmes la force de lutter contre leurs tendances mauvaises, non pas dans une chimérique volonté, mais dans cette acuité de vue morale que développe la pensée méditative. Je ne leur reproche aucunement leur insuffisance éthique; on n'a pas su leur inculquer ces idées-forces; ils n'ont pas éprouvé jusqu'ici le charme puissant de l'éducation de soi-même; ils n'ont pas vu « à quoi ça sert »; il faut le leur apprendre.

Maintenant qu'ils souffrent et s'aperçoivent qu'ils font fausse route, le moment est venu de les relever, de leur montrer l'absolue nécessité de la vaillance, d'inciter ce courage en leur montrant le fruit précieux qu'ils vont récolter, c'est-à-dire le bonheur.

Le découragement est toujours mauvais; il aggrave toutes les situations; on peut l'excuser, on ne peut l'approuver. Il ne suffit pas de reconnaître cette vérité logique: il faut se la marteler en tête afin qu'elle devienne sentiment, lui donner une expression vive. J'ai coutume de dire à mes malades: « Le découragement est un breuvage empoisonné et amer à la fois: deux raisons impérieuses pour ne pas y toucher. »

Est-ce à dire que nous réussissions toujours à nous appuyer sur cette donnée? — Oh non; il n'est pas de jour que nous ne subissions des découragements, des baisses du baromètre moral; ils ne doivent pas durer. Dès que nous nous y laissons aller, nous percevons l'amertume, et aussitôt nous songeons à la toxicité du breuvage.

L'idée que le découragement est un poison doit jouer le rôle de bande directrice dans le jeu de notre entendement. Comme la bille lancée sur une surface plane et qui n'a pas encore atteint la bande élastique, le découragement aussi fait irruption dans notre âme et continue sa course; mais, aussitôt qu'il butte à l'obstacle que constitue l'idée morale, il est dévié, et nos représentations mentales rentrent dans l'ordre.

C'est toujours et toujours que nous devons réveiller dans notre âme l'idée de vaillance, ranimer le flambeau qui nous guide. Il faut que l'idée-force se tasse au fond de notre âme, prête à déclencher nos énergies le moment venu. C'est ce qu'avaient si bien compris les philosophes de l'antiquité, qui voyaient dans la raison, dans une dialectique serrée mise en jeu vis-à-vis de soi-même, le remède à nos défaillances morales.

Suivant les esprits, il faut plus ou moins de temps pour ce tassement des principes éthiques. Les idées qu'on nous transmet ressemblent au sable fin qu'on jette sur la surface de l'eau ; il surnage quelques instants, puis descend plus ou moins lentement suivant la densité du liquide et s'étale en couche dans la profondeur. Ainsi en est-il des idées. Si simples soient-elles, — et peut-on en imaginer une plus claire que celle de l'inutilité, de la nocivité du découragement ? — elles restent longtemps à la surface de notre entendement. Ce n'est qu'avec le temps qu'elles descendent et viennent former ce dépôt dense qui constitue notre conscience, notre personnalité morale. Alors seulement l'idée-sentiment agit sur nous et nous donne une force que nous n'aurions pas cru posséder. Il en est de même de la poussée des idées religieuses ; beaucoup de gens les ont admises et les défendent avec une âpreté peu chrétienne; elles ne sont pas assez vécues, pas assez complètement pensées, pour déterminer l'acte vertueux.

Il ne suffit pas de combattre le découragement; il faut aller jusqu'à ce courage qu'excite la difficulté; comme un cheval de race, nous devons mettre d'autant plus d'ardeur à franchir l'obstacle qu'il est plus haut.

Un jeune paysan neurasthénique me narrait un jour ses déboires et me signalait de nouveaux ennuis, jouant le rôle de la goutte d'eau qui fait déborder le vase. Pour fixer ses idées, je fis une comparaison et lui dis : « Vous êtes à la leçon de gymnastique; le maître vous a fait franchir une corde tendue à soixante centimètres du sol. Vous aviez eu déjà quelque peine à sauter par-dessus; il l'élève maintenant à soixante-cinq; que faut-il faire? — Prendre plus d'élan, répondit-il sans hésiter. »

Eh oui, à mesure que grandissent les difficultés, il faut prendre plus d'élan; car il est évident que si la barrière s'élève et que le courage baisse l'insuccès est certain.

Ah, ce n'est pas facile de conserver toujours cette imperturbable vaillance. Nous devons excuser avec une profonde compassion ces heures de lassitude morale chez les malheureux à qui manquent la santé, une certaine aisance, qui n'ont trouvé sur leur chemin ni la sympathie encourageante ni l'aide persistante et qui luttent contre leur sort avec une constance paraissant inaccessible aux forts. Il ne faut pas les secouer brusquement en les morigénant ; ce serait cruauté. Seule l'entière sympathie, née du sentiment que nous ne saurions peut-être pas faire mieux, peut leur infuser un peu de ce sang chaud qui suscite l'élan.

Des réflexions de ce genre donnent toujours quelque courage et finissent par agir sur ces âmes malades. J'ai vu des mois se passer sans que cette philosophie pût modifier la mentalité, et pourtant le jour vint où le ressort lentement tendu acquit une force suffisante.

Souvent la vaillance naît de l'excès du découragement, en raison même de la souffrance persistante et croissante qu'il crée. Comme l'animal naturellement craintif qui se sent acculé, nous nous retournons et faisons face aux difficultés. C'est en partie à ce caractère pressant de la nécessité qu'on peut attribuer le fait que nous gardons le courage dans les grands événements de la vie, alors que nous le laissons s'émietter au milieu des multiples contrariétés de chaque jour.

« Je reconnais, me disait une femme intelligente, toute la justesse de ces vues ; je vois clairement la nécessité de réprimer mon émotivité, de supprimer la crainte ; mais, quand il arrive quelque chose qui m'émeut, le raisonnement qui aurait dû me sauver ne me vient que cinq minutes après, trop tard. »

Cela nous arrive à tous. Il en est de cette dialectique sentimentale comme de l'escrime. Pendant longtemps notre parade n'arrive qu'après le coup de bouton de l'adversaire ; peu à peu, par l'exercice, le mouvement de défense devient plus prompt, et un jour nous réussissons à détourner l'arme avant qu'elle nous touche. Exerçons-nous à la défense morale, et nous éviterons les défaites.

Nombre de personnes signalent en elles une autre contradiction : c'est qu'elles savent très bien donner un conseil aux autres, relever leur courage, mais n'arrivent pas à surmonter leur propre faiblesse. N'est-ce pas qu'il y a dans cette lutte pour nos propres intérêts moraux un élément émotionnel, qui trouble un peu notre jugement et nous met dans l'indécision ? Tel qui donnera à son voisin des conseils judicieux pour placer des fonds ne retrouvera pas toujours la même aisance de jugement prompt et sûr quand il s'agira de ses propres affaires ; c'est qu'il y va maintenant de son bien.

D'autres, au contraire, peut-être plus altruistes en l'occurrence, craindront davantage de conseiller leurs semblables que d'agir pour eux-mêmes, et courageux presque sans effort, ils n'oseront inciter cette vertu chez autrui.

Quel être déconcertant est l'homme dans ses changements continuels de mentalité, qui semblent tenir tout autant à des causes physiques internes, au relâchement des cordes mentales, qu'à des causes morales, à des associations d'idées décourageantes !

L'individu qui se connaît et s'observe sans inquiétude hypocondriaque surprend de continuelles sautes de vent dans son être intime, des inégalités d'humeur, persistant même s'il sait les cacher aux yeux des autres et ne leur permet pas de se traduire en actes. Des nuages viennent obscurcir notre ciel moral, sans que nous puissions reconnaître la cause de ce changement de temps. Il y a une foule de gens qui, surtout quand ils sont fatigués, sentent vaciller leur âme comme un baromètre dans les saisons variables. Le moindre événement contrariant, un petit insuccès dans les choses les moins importantes, déroule incontinent un voile de tristesse, qui pourrait leur faire dire à propos d'une babiole que la vie ne vaut pas la peine d'être vécue. Heureusement, ces natures impressionnables sont souvent aussi faciles à relever qu'à terrasser ; il suffit pour cela d'un rayon de soleil, d'une bonne parole ou d'un bon mot, parfois d'une tasse de café, d'un cigare dans la fumée duquel nous évoquons l'image de cette souplesse désinvolte qui nous aide à passer à travers les difficultés de la vie.

Entretenons-la toujours, cette vaillance souriante ; elle ne doit pas être un stoïcisme farouche, amer, mais une bravoure facile, comme celle des gentilshommes d'autrefois qui maniaient avec adresse l'épée légère. Il faut dès le matin se mettre dans cette disposition guerrière, faire sa toilette morale et revêtir sa cotte de mailles. On peut se dire alors : Quoi que m'amène la journée, fatigues physiques, travail intellectuel, émotions morales, je suis prêt ; mes moyens me permettent cela, et il y a de la marge.

Une autre image se présente souvent à mon esprit quand je sens naître la faiblesse en face de la tâche à remplir : En avant, faisons jouer la musique du régiment, et le pas deviendra gaillard !

CHASTETÉ

En écrivant ce mot de chasteté, si rare sous la plume qu'il en a l'air archaïque, il me semble entendre, dans toutes les langues, les huées formidables des hommes ; il s'y mêle le rire perlé des coquettes ; je vois le sourire discret, mais moqueur encore, de bien des femmes honnêtes ; je surprends aussi le sanglot de celles qui ont vu s'écrouler leurs rêves de bonheur.

Quand récemment, à Paris, des hommes de cœur, catholiques, protestants et libres penseurs, se réunirent pour travailler en commun au relèvement des mœurs, ils furent sifflés, conspués, — par la plèbe, direz-vous, — non, par l'élite de la jeunesse, par des étudiants de l'université et des élèves de l'École des Beaux-Arts !

Pourquoi cette quasi-unanimité dans la révolte aussitôt qu'on ose recommander dans ce domaine la maîtrise de soi-même ? — C'est qu'il ne faut pas y toucher, à ce droit des hommes à l'amour ! N'est-il pas loi naturelle, instinct primordial, ineffaçable ?

Loin de moi la pensée de condamner l'amour, même lorsqu'il est réduit à la plus animale sensualité ; je ne voudrais pas faire de l'homme un eunuque mental se soustrayant dans un continuel ascétisme à l'esclavage passionnel. J'entends simplement par chasteté, selon le dictionnaire, « l'abstention des plaisirs illicites et l'honnête retenue dans les plaisirs permis » ; je ne parle pas ici de cette abstinence complète et définitive, antinaturelle, qui faisait dire à une reine déséquilibrée, mais spirituelle, Christine de Suède : « Trop de gens font vœu de chasteté pour l'observer. » Cela ne veut pas dire que cette vertu suprême soit inaccessible à des âmes élevées, si les circonstances l'exigent.

L'amour sexuel n'est ni pur ni impur, il est naturel ; il n'est ni beau ni laid, il est instinct, et c'est une des fautes du puritanisme chrétien d'avoir considéré comme bas, comme honteux même, l'acte qui nous a donné le jour. Elle est puérile, cette horreur du nu qui fit draper après coup les beaux corps de Michel-Ange dans le Jugement dernier, proscrivit les madones donnant le sein au bambino divin et couvrit platement de feuilles de vigne les nudités antiques.

Non, le corps humain est beau quand il est sain ; ses

instincts ne sont pas « le joug terrible de l'animalité », comme s'exclament les théologiens, mais l'épanouissement de cette joie de vivre, animale et saine, qui est au tréfonds de nos énergies. Dans un spiritualisme faux, on s'efforce de ne pas voir l'influence qu'a sur la mentalité humaine la passion amoureuse ; il semble qu'on en ait honte ; d'autres sentent très bien l'esclavage dans lequel ils vivent, mais le pharisaïsme est toujours encore vertu de société. A voir les dehors, on croirait l'humanité asexuée.

Au point de vue naturel, c'est l'amour libre qui a tout d'abord droit à l'existence, cet amour allumé par les charmes physiques, grossier dans son inconscient égoïsme, volage même, — car l'uniformité est ennemie du plaisir, — cet amour que peignent les frères Margueritte dans cette phrase lascive : « ces jolies rencontres où la femme, oiseau de passage, après la dernière becquetée de baisers, lustre ses plumes et s'envole ». Oui, je ne vois rien que d'aimable, de gracieux, dans cette image ; mais alors, c'est l'amour animal dans toute sa spontanéité organique.

Est-ce là l'idéal humain ? — Non.

Que, dans une fierté un peu enfantine, l'homme se mette en marge du monde animal ou qu'il consente à n'être pour les naturalistes que le premier animal dans l'ordre des primates, au-dessus du gorille, il s'est lui-même décerné le titre de *homo sapiens*, et noblesse devrait obliger.

L'amour n'est plus pour lui le résultat d'une simple poussée organique; il ne naît pas chez lui d'un besoin impérieux, périodique, entraînant mâle et femelle à l'accouplement procréateur; il dépend beaucoup plus de l'imagination, des représentations mentales toujours accessibles à l'éducation.

L'homme s'abaisse au-dessous de la brute quand il s'abandonne à ses rêveries libidineuses; il s'élève, au contraire, par la pensée éthique à une conception plus belle de l'amour quand il met au premier plan les sentiments de réelle affection, quand l'union des âmes vient compléter l'union charnelle.

La vie en commun nous impose, non comme une contrainte, mais comme un bien précieux pour les autres et pour nous, des devoirs qui restreignent nos impulsions passionnelles. L'homme assume à l'égard de sa compagne, vis-à-vis des êtres qui naissent de cette union, des responsabilités qui ne font que s'accroître à mesure que se développent les besoins de bien-être physique et moral.

Chez l'homme sauvage, le souci de la progéniture peut être réduit, comme chez l'animal, à l'instinct de la conservation de la race, à la protection des nouveau-nés, à leur culture physique jusqu'à ce qu'ils soient en état de se suffire à eux-mêmes; il n'y a pas grande différence entre ces sociétés primitives et la garenne où pullulent les lapins;

la femme n'est pas encore la compagne, elle n'est qu'instrument de plaisir et bête de somme.

Mais cette vie physique ne nous suffit pas ; nous vivons d'une vie intellectuelle et morale ; nous sommes tout vibrants de sentiments étrangers à la mentalité animale. L'amour ne nous enchaîne pas seulement par les liens du caprice amoureux, par l'attirance réciproque d'ordre sexuel ; il réveille des sentiments de sympathie résultant de la communauté des aspirations intellectuelles et morales ; il tempère de respect l'impulsion passionnelle. C'est toute une vie d'union intime que commencent les fiançailles et que devrait continuer le mariage, toute une œuvre de développement moral, non seulement dans des vues étroites d'égoïsme familial, mais dans un large esprit de solidarité sociale. Une famille se crée et de nouveaux devoirs s'imposent, resserrant le lien conjugal et rendant plus nécessaire encore la coopération des époux dans la recherche du bien général. Nous ne devons pas seulement à nos enfants le pain de tous les jours, les soins qui assurent leur développement physique et intellectuel, nous avons à leur léguer un héritage autrement précieux : ce fonds d'idées morales qu'on appelle la conscience, ces principes directeurs qui les orienteront sur la voie du bien.

Il suffit d'envisager ces suites de l'acte d'amour, cette chaîne de devoirs à la fois sérieux et doux à remplir, pour voir que l'amour humain ne peut trouver sa satisfaction que dans le mariage monogame, succédant à une jeunesse chaste et exempt d'un libertinage qui en compromettrait le but éthique.

Je sais combien l'idée de chasteté dans la jeunesse fait sourire les hommes, même ceux que l'on appelle sérieux. Ne répète-t-on pas que la femme est monogame, mais que l'homme est polygame ? On semble admettre une loi naturelle dans cette troublante désharmonie. Marcel Prévost posait un jour la question s'il y avait vraiment des maris qui n'eussent jamais « servi ».

Il y a, il est vrai, des raisons pour ce contraste. L'amour est l'œuvre de toute une vie pour la femme ; elle ne s'offre pas, elle se donne dans une pudeur naturelle que peuvent seuls amender les sentiments de sympathie réciproque, la communauté des devoirs familiaux ; elle est plus mère encore que femme et accepte dans un vaillant stoïcisme ses lourds devoirs.

L'homme est par nature plus égoïste ; son rôle est plus passager. L'impulsion sensuelle qui l'entraîne à l'attaque est plus impérieuse ; il n'a pas d'emblée au cœur cette pudeur native qui modère les emportements des sens. Occupé au dehors, faisant face à la vie, il y développe des qualités d'énergie un peu soldatesque, qui renforcent l'égoïsme naturel.

Ces différences entre les tempéraments masculin et féminin se retrouvent chez l'animal, et il serait injuste de reprocher à l'homme cette rudesse, cette impulsivité, qui lui rendent la vertu plus difficile. Tenons compte aussi de sa vie en dehors du milieu familial, des contagions toujours présentes du vice, et nous ne tenterons plus de mettre sur le même pied garçons et filles, de demander aux hommes la douceur, la pudeur, que nous aimons à voir chez les femmes ; ils auraient l'air efféminé de l'Apollon Musagète.

Je sais très bien qu'il serait illusoire de réclamer la chasteté pour ces foules qui subissent journellement les entraînements du vice dans les agglomérations délétères de la vie militaire, pour les nomades de toutes professions qui doivent si souvent renoncer à la vie conjugale. L'état d'âme de ces multitudes n'est pas favorable à la culture morale, et la prostitution, aussi vieille que le monde, restera comme une tache marquant notre impuissance à créer pour tous une vie saine et harmonieuse. Je ne suis pas plus étonné de ces désordres des mœurs que de l'existence de l'alcoolisme et ne me berce nullement de l'espoir de voir disparaître bientôt ces fléaux de l'humanité.

Ce qui m'ahurit, ce qui me révolte, c'est de voir la complaisance que montrent vis-à-vis du libertinage ces classes élevées qui sembleraient devoir être protégées par leur culture intellectuelle.

Que dans le monde du théâtre et chez nos romanciers en vogue on ne trouve que par exception cette chasteté voulue, résultat non d'une frigidité naturelle, mais de la pensée éthique, cela ne m'étonne guère, étant données les contagions du milieu. Mais que dire de ces critiques littéraires et artistiques qui nous charment par la finesse de leurs observations psychologiques, leur acuité de vision morale, et dont nous apprenons un jour les amours ancillaires, les habitudes de basse sensualité? Et ces poètes qui savent si bien chanter l'amour et nous donner le change, en couvrant du voile de beaux vers leur vulgaire érotisme! Souvent, cependant, ils ont souffert, et leurs plaintes pourraient nous servir d'enseignement. Mais on oublie ces misères, et

Rolla fit à vingt ans ce qu'avaient fait ses pères.

Pourquoi les œuvres d'imagination de nos meilleurs écrivains, ces incomparables ciseleurs de phrases, sont-elles gâtées par l'écœurante vulgarité des sujets aussitôt qu'il s'agit de l'amour? Pourquoi cette grivoiserie qui, dans les dîners, au cigare, fait ressembler les hommes à des singes lascifs?

Il y a des médecins moralistes qui appellent l'hygiène

à la rescousse dans la lutte contre le vice; c'est évidemment mieux que d'encourager la débauche sous prétexte d'hygiène. Forts de leur science, ils montrent aux jeunes gens les risques qu'ils courent, ces diverses maladies vénériennes qu'ils décrivent complaisamment. Les Allemands appellent cela : Peindre le diable à la muraille.

Triste morale, en somme, que celle de la crainte, fût-elle efficace. Elle ne l'est pas, et, malgré les avertissements, le nombre des « avariés » ne diminue pas. Les hommes continuent à s'exposer à ces dangers, à compromettre, souvent pour toujours, leur santé physique et mentale ; ils n'hésitent pas, pour une vulgaire satisfaction de leurs passions, à courir le risque de transmettre leur souillure à l'épouse qu'ils ont choisie, aux enfants qu'ils procréent. C'est là le triste spectacle que nous donnent, non pas seulement la plèbe miséreuse et alcoolique, mais l'aristocratie, la bonne bourgeoisie, ces classes dirigeantes qui se sentent appelées à défendre l'ordre social.

Sans doute, les considérations hygiéniques peuvent jouer un rôle dans la prophylaxie du vice ; mais la chasteté rationnelle peut s'établir sur des vues plus hautes, plus pures, sur le sentiment de la solidarité humaine. Il faut éviter le mal, non pas seulement parce qu'il est dangereux pour nous, mais parce qu'il est « le mal ». Et en quoi y a-t-il un mal dans cet amour dont je viens de reconnaître si franchement le caractère naturel, la légitimité? — C'est qu'en nous laissant aller à l'amour en dehors du mariage, nous le dépouillons d'un coup de ses bases éthiques, des sentiments d'altruisme qui en mitigent le caractère foncièrement égoïste.

L'amour conjugal repose, comme sur un trépied, sur l'attrait sexuel, sur l'union intellectuelle, sur la communauté d'aspirations morales. Si cette triple entente ne peut pas toujours exister dès le début, elle devrait se créer pour assurer un peu de bonheur aux conjoints. Dépouillé de ses éléments spirituels, réduit à l'appétence sexuelle, l'amour nous ravale au-dessous de la bête ; il devient alors si grossier qu'un homme de goût devrait s'en détourner, même quand ses sens sont déjà allumés.

La vie galante ne va pas sans déchéance, sans un affaiblissement des sentiments altruistes qui sont à la base de toute morale. Il faut avoir perdu le respect de la personnalité humaine et la bonté pour jouir sans vergogne des facilités de la prostitution officielle ou clandestine, pour ne considérer la femme que comme un instrument de plaisir, pour lui demander la caresse sans lui donner l'affection.

Point d'amour et partout le spectre de l'amour.

Mozart écrivait un jour, au milieu des tentations de la

vie de théâtre, que la pensée affreuse qu'un homme pût détourner une femme de la bonne voie suffisait pour le protéger. Voilà quel devrait être l'état d'âme de nos jeunes gens cultivés moralement, le seul qui puisse donner la force de résister aux entraînements de la passion. Et qu'on n'objecte pas que ce respect est dû seulement à la femme dite honnête, que Mozart ne condamnait dans ces belles paroles que la séduction réprouvée, au moins selon leur dire, par nombre de débauchés. La plus basse prostituée a droit à notre bonté; sa misère même la recommande particulièrement à notre bienveillance.

La responsabilité dans le vice ne se partage pas; elle est entière pour chacun des complices. Nous devrions sentir d'intuition qu'il ne faut pas faire à la fille de l'ouvrier, du petit bourgeois, à la midinette, l'outrage que nous ne voudrions pas que l'on fît à notre sœur, à notre fille.

Des sentiments religieux sincères suffiraient pleinement à rendre possible, facile même, cette chasteté et à opposer une barrière inébranlable à ces vices. Hélas, c'est dans ce domaine que l'on constate le caractère superficiel de mainte piété; religion de carton, très répandue d'ailleurs, elle fait bon ménage avec le libertinage. C'est qu'il ne suffit pas d'une profession de foi, d'habitudes cultuelles imposées par le milieu. La maîtrise de soi ne s'acquiert que par la réflexion constante ; elle s'appuie sur des vues claires de déterminisme moral qui, faisant les hommes égaux, fonde une vraie humilité. Elle réclame, cette maîtrise, l'indulgence pour les autres liée à la sévérité pour soi-même, la vaillance dans la lutte contre ses passions, la modération même dans les plaisirs licites qui pourraient nous entraîner.

C'est dans ce domaine de la morale sexuelle que l'homme le mieux doué sent la nécessité de l'effort moral ou, comme je l'ai défini, l'indécision douloureuse de la balance pensante. Il y a dans un des plateaux un énorme poids de sensualité native et légitime, dans l'autre, le poids souvent variable des principes moraux. Alors que l'impulsion passionnelle reste toujours puissante, les motifs de la raison semblent constituer un poids sujet à se volatiliser. Chez la plupart des hommes, il pèse si peu que la balance tombe lourdement du mauvais côté; chez d'autres, elle oscille tantôt d'un côté, tantôt de l'autre. Celui-là seul qui a fondé sa moralité sur un Idéal coupe court à ces hésitations et résiste victorieusement.

De nos jours, on attaque de nouveau le mariage. Aux yeux de Paul Margueritte, il y aurait quelque chose de changé dans le monde, c'est-à-dire que nous serions à la veille d'une révolution dans ce domaine. Je crois plutôt qu'il n'y aura aucun changement en bien par les moyens qu'on préconise.

Ce n'est pas le divorce facilité qui nous sauvera. Sans doute, il brisera le carcan que beaucoup de gens se sont mis au cou, souvent par manque de clairvoyance et de maîtrise d'eux-mêmes. Ce sera un bien; mais il n'y a aucune idée-force dans cette consécration légale d'une rupture déjà consommée. La fréquence de ces séparations pourrait tout au plus encourager la légèreté dans la conclusion des liens matrimoniaux.

L'amour libre, même dans la conception généreuse d'une Ellen Key, ne nous donnera pas plus de force et par conséquent de bonheur.

Enfin, très moderne, Léon Blum, constatant les continuelles infractions à la morale, évite ingénieusement le délit en supprimant la loi. Dorénavant jeunes hommes et jeunes filles, — car l'auteur est féministe, — jetteront leur gourme dans les jeunes années, aussi longtemps qu'ils voudront, et ne se marieront que quand ils seront mûrs, j'allais dire « blets », pour la vie conjugale.

Non, ces rêveries ne faciliteront pas la vertu. Elle n'est possible que dans le respect constant d'un Idéal s'imposant à notre esprit par la seule force de sa vérité.

La véracité à elle seule constitue une des plus fortes barrières morales contre l'immoralité dans le domaine sexuel. L'adolescent qui, dans une veule suggestibilité vis-à-vis du milieu, va perdre sa chasteté se trouve dans un dilemme qui suffirait à retenir une âme noble. Il peut, dans un cynisme banal, avouer ou laisser supposer ses écarts ; il sait, le plus souvent, qu'il fera de la peine à ses parents et déchirera des liens de sympathie qui l'unissent à des personnes aimées et respectées. A l'âge où devraient s'affirmer sa raison, son enthousiasme pour le Beau, sa supériorité d'homme, il affiche, au contraire, la plus vulgaire passivité à l'égard de la contagion du vice ; c'est une chute morale consentie à l'aube de la virilité. D'autre part, il a, je ne le sais que trop, la ressource de la dissimulation. Il consent donc à porter un masque, ce fier jeune homme qui tient si haut la tête et affecte la franchise avec les hommes ! Et il trompe des femmes : celle qu'il fait servir à ses plaisirs, celle qu'il va épouser et qu'il veut intacte, mais pas trop chaste ; cela dérangerait de vieilles habitudes. Il tombe des nues, ce jeune homme distingué, intelligent, quand on ose lui parler de fidélité anticipée vis-à-vis d'une épouse future, et lui, qui se réclame du spiritualisme, s'il vous plaît, qui déclare qu'il est profondément religieux, se retranche derrière les nécessités matérielles ; il n'est vicieux que par mesure d'hygiène, car des médecins sérieux l'ont rendu attentif, à l'âge de dix-sept ans, aux dangers de la continence ; il paraît que cette vertu-là rend neurasthénique !

Ne sait-on pas aussi qu'il faut avoir jeté sa gourme

pour faire un mari modèle, assagi par l'expérience ; on se range avec le temps, et on saura donner à ses fils de bons conseils pour ne pas faire de bêtises et, surtout, pour en éviter les conséquences ; il faut connaître la vie, que diable ! — Une dame allemande a écrit cette phrase cruelle : « Il y a beaucoup d'hommes qui ne connaissent pas leur femme, et c'est dommage ; il y a beaucoup de femmes qui ne connaissent pas leur mari, et ce n'est pas dommage. » Elle oubliait que le sexe faible a ses faiblesses aussi et que les maris font parfois d'étranges découvertes.

Il y a une continence, — je ne dis pas chasteté, — qui n'a aucune valeur morale : c'est celle des impuissants, des frigides, tout d'abord, puis celle des timides, des indécis, rongés de désirs et retenus, non par des sentiments moraux, mais par la peur, la crainte des contagions, des esclandres, du « qu'en dira-t-on », par des scrupules religieux sans force parce qu'ils sont le résultat de passives suggestions.

Une vraie chasteté ne peut être fondée que sur des vues claires, sur des notions morales qu'on approfondit constamment et qu'on apprend à aimer.

La moralité passée n'est, du reste, jamais un sûr garant de la moralité future. Il y a des hommes qui arrivent chastes au mariage et font des fredaines dans la suite ; ils ont parfois pour excuse que leurs épouses n'étaient pas chastes, mais frigides ; certaines femmes ne distinguent pas entre une vertu et une infirmité. Ces chutes des chastes sont soigneusement notées par ceux qui ne l'ont pas été ; elles confirment l'idée commode que la chasteté est impossible, et c'est si doux de prendre son prochain en faute. Des déformations mentales dues à la sénilité expliquent parfois ces écarts ; elles peuvent faire d'un adulte chaste un vieux satyre et d'une brave matrone, frigide autrefois, une Messaline en cheveux gris. Le chemin de la morale sexuelle est bordé de pentes glissantes, et nous avons besoin, pour ne pas tomber, de toutes les forces morales que nous donne la raison éthique.

Et il nous la faut, cette vertu. La débauche, que l'on s'efforce de peindre aimable, entraîne à sa suite bien d'autres vices : le mépris de la personnalité humaine, la déloyauté, la dureté. La chasteté, au contraire, se fonde sur la bonté même. Elle naît des sentiments altruistes, et sa pratique renforce de plus en plus l'idée éthique qui l'a engendrée ; aussi Bernardin de Saint-Pierre a-t-il pu dire : « La chasteté est la source de la force et de la beauté morale dans les deux sexes. »

SINCÉRITÉ

Que les défauts sont donc laids quand nous les regardons du dehors, chez les autres ! Il en est un qui paraît surtout haïssable : c'est la fausseté. Rien n'est douloureux comme d'être trompé, trahi ; rien ne trouble les relations sociales comme le mensonge. Nous le savons tous, et pourtant qu'il est rare de rencontrer la sincérité ! Elle apparaît comme une nudité qu'il y aurait de l'indécence à montrer en société ; on se croit autorisé à dissimuler sa pensée, comme on cache ses petites difformités par des artifices de toilette ; un teint naturel offusque dans un monde où l'on se farde. Un baiser serait cependant plus doux sur une joue qui ne déteint pas ; je veux dire par là que les relations humaines seraient tout autres si dans nos actions nous mettions la sincérité.

Elle devrait plaire aux hommes, cette vertu, car elle est courage, et ils se piquent d'en avoir ; il en faut souvent pour exprimer franchement une pensée qu'on a mûrie, sans crainte de heurter celle des autres, d'avoir, comme on dit, le courage de son opinion. Que les hommes sont lâches sur ce point ! On voit des croyants mettre leur bannière dans leur poche quand ils sont exposés aux quolibets des non-penseurs et, d'autre part, des mangeurs de prêtres aller dévotement à la messe quand ils ont quelque intérêt à le faire. Il y a de jeunes débauchés qui mettent du soin, non à s'amender, mais à garder une réputation de petits saints, et il y a des chastes qui jouent les fanfarons de vice et content leurs bonnes fortunes imaginaires pour paraître comme tout le monde. C'est la peur du « qu'en dira-t-on » qui fait marcher ces marionnettes.

Chez un politicien nous surprenons un jour quelque beau geste ; voilà un homme qui a du courage, qui sait ce qu'il veut, pensons-nous. Hélas, le geste ne correspondait pas à un sentiment ; nous apprenons plus tard qu'il a agi pour de tout autres motifs et qu'il considère comme des naïfs ceux qui l'ont cru sincère. Il est si bien admis qu'il faut ruser en politique qu'un homme d'État disait naguère : « Nous aussi, nous avons *quelquefois* nos moments de sincérité. » On a grand peur de paraître naïf dans ce monde ; on tient à passer pour habile, sans songer que cette habileté n'est souvent que mensonge et malveillance.

C'est un amour-propre, et un des plus vulgaires, qui nous

fait éprouver de la souffrance quand nous avons été trompé. Une seule douleur devrait nous saisir alors, celle de voir un autre s'égarer moralement, manifester des sentiments bas. Or, le plus souvent, l'homme ne ressent que le dépit d'avoir été « roulé » et, suivant sa logique enfantine, s'apprête à rendre le mal pour le mal.

Si l'on rencontre peu la sincérité dans ce monde, c'est qu'on la met en fuite dès qu'elle serait tentée de se montrer. Nous abordons les autres avec la suspicion dans l'âme, et nous nous mettons en garde comme si nous allions au combat ; nous faisons de notre interlocuteur un adversaire ; il est naturel qu'il soit sur la défensive.

Le meilleur moyen de faire naître une qualité chez un homme, c'est de la lui supposer ; en croyant d'emblée à sa sincérité, on le forcera à être sincère. J'ai souvent remarqué que les personnes qui sont vraies n'ont que bien rarement à se plaindre des autres ; elles sont franches, on leur répond par la franchise ; avec celles qui savent dissimuler, on joue au plus fin : à trompeur, trompeur et demi.

L'éducation à la sincérité, à la véracité, est encore à faire. On n'a pas de cette vertu un idéal assez élevé. Il y a beaucoup de gens assez honnêtes pour ne pas mentir dans un but de vulgaire intérêt matériel, mais qui se laissent aller au mensonge par la crainte d'être mal jugés par les autres, d'être exposés à leurs moqueries. Quand nous avons manqué une fois à la sincérité, nous risquons fort de continuer dans cette voie, tant nous répugnons à avouer notre première faute. Rousseau, après avoir indignement calomnié la domestique Marion en l'accusant d'un vol de ruban qu'il avait commis, aurait bien voulu obéir à son repentir ; il ne le put pas. « Je craignais peu la punition, écrit-il, je ne craignais que la honte ; mais je la craignais plus que la mort, plus que tout au monde. » Oui, c'est jusqu'au crime que peut conduire cet amour-propre, cette crainte d'être exposé à la critique.

« La sincérité est la première des vertus », disait V. Cherbuliez, et naguère un professeur de philosophie, M. Parodi, dans un discours prononcé à la distribution des prix du Lycée Corneille, montrait que la véracité peut constituer la base unique d'une morale rationnelle. « Le respect de la vérité, disait-il, est la vertu de l'humanité adulte. A mesure qu'elle prend conscience d'elle-même, la sincérité acquiert à nos yeux une importance croissante. »

C'est, en effet, une vertu d'adulte que la sincérité. Le mensonge est l'arme des faibles ; l'enfant y recourt spontanément quand il croit pouvoir par là éviter un ennui ; la femme, qui raisonne moins que l'homme, s'y laisse aller plus facilement. Les hommes eux-mêmes, si présomptueux, ne comprennent pas toujours tout ce qu'il y a de force et de beauté dans la franchise ; ils se plaisent à la confondre, pour s'en dispenser, avec la rudesse, avec le sans-gêne vis-à-vis des autres.

L'enfant peut être élevé très tôt à cette vertu, sans qu'on se donne la peine de la lui enseigner ; c'est par la contagion de l'exemple qu'on la lui inculque. Nous devons donc être sincères vis-à-vis de lui, ne rien lui dire que nous ne pensions pas, ne rien faire en sa présence qui déroge au principe de sincérité.

Le sentiment que nous devons ancrer dans nos cœurs, c'est le respect constant de la vérité. Il faut que dans chaque circonstance, même de notre vie la plus intime, même dans nos intentions, nous agissions et pensions comme si les autres nous voyaient, sans que nous eussions à rougir.

Je suis étonné qu'un moraliste comme Payot[1] n'ait pas vu la beauté de la sincérité et ose recommander le mensonge, quand nous pouvons en tirer quelque avantage sans nuire aux autres. Selon lui, un étudiant qui veut travailler peut préparer un mensonge pour se débarrasser des camarades qui voudraient l'entraîner à la brasserie ou à la promenade. N'est-il pas plus simple de dire qu'il veut travailler, et faut-il de l'héroïsme pour résister à

1. *L'Éducation de la volonté*, par Jules Payot. Paris, Félix Alcan, éditeur, 1896.

ces entraînements ? Un caractère aussi faible m'inspirerait une mince confiance, et je me demande si un homme déformant si facilement la vérité, quand il n'y a en jeu que de minimes intérêts, saura devenir tout à coup sincère dans une circonstance plus importante.

On peut imaginer des situations dramatiques où un mensonge peut protéger notre vie ou celle des autres. Ce sont là des situations anormales, analogues à l'état de guerre ; les lois morales subissent déjà une entorse dans le cas de légitime défense, qui autorise le recours à une violence immorale en elle-même. On fait aux grands capitaines une vertu de la ruse, comme on vante leur vaillance. On peut discuter sur l'opportunité de ces mensonges forcés, et il appartient à chacun d'agir selon sa conscience s'il se trouve placé dans une situation dont il ne peut sortir que par la dissimulation. Nous sommes rarement dans la vie en face de semblables dilemmes.

Nous aimons la sincérité chez les autres, nous souffrons de leur déloyauté ; mais nous ne conservons pas assez intacte notre aversion pour le mensonge.

La vie de société encourage ce manque de franchise ; elle autorise une foule de petits mensonges souvent bien inutiles, puisque nous devinons ce que l'on veut nous cacher, comme quand on dit : monsieur est absent, au lieu d'avouer : monsieur ne reçoit pas ; ce serait cependant tout aussi facile à dire et à maintenir si l'on a vraiment de bonnes raisons pour cela.

Sans doute, ces mensonges stéréotypés ne font souvent du mal à personne; mais ils entament déjà l'esprit de véracité ; ils créent de fâcheuses habitudes mentales, dont il n'est pas facile de se débarrasser quand des circonstances plus sérieuses rendraient la franchise désirable.

La franchise n'est pas une qualité d'apparat, une de ces demi-vertus mondaines qui, comme la politesse, facilite simplement les rapports entre les hommes. Elle est, au contraire, une vertu cardinale qui en engendre bien d'autres. Aussitôt qu'on est franc, on ne peut plus faire, sauf erreur, du mal ; on s'exposerait aux reproches justifiés des autres, et on s'en ferait soi-même dès qu'on aurait reconnu son tort.

La franchise crée la loyauté en affaires, la probité commerciale. Dans les pays où elle manque, nous n'éprouvons pas seulement l'ennui d'être trompés, mais nous ressentons une souffrance morale en constatant cette amoralité. Dans des milieux qui s'attribuent une plus haute culture, on voit, si ce n'est le mensonge direct, tout au moins la dissimulation, d'autant plus facile que les intérêts en jeu sont plus considérables. L'absence de franchise est tolérée dans certains cercles de la haute finance, chez les brasseurs d'affaires ; il est admis depuis longtemps qu'on pende les petits voleurs et laisse courir les gros.

On retrouve les procédés déloyaux dans le monde de l'industrie où l'on falsifie, contrefait, où l'on s'approprie sans scrupules les bénéfices qui auraient dû récompenser l'inventeur, l'initiateur. Il a fallu tout un ensemble de lois pour protéger les hommes contre leurs semblables, tant ils oublient le pacte social qui les lie.

Le but idéal que poursuit la science semblerait devoir faciliter aux savants la pratique de la franchise. Hélas, la vanité remplace chez eux l'appât du gain. Les plagiats ne sont pas rares, et il y a peu de sincérité dans les querelles que suscitent les questions de priorité ; partout l'égoïsme relève la tête et fait oublier l'idéal de véracité.

Nous ne sommes pas même toujours sincères dans l'exposé de nos opinions au cours de discussions dans lesquelles il n'y a pas d'intérêts en jeu, sauf celui toujours renaissant de notre vanité. Paraître est notre grande préoccupation, et elle nous suffit pour donner une entorse à la vérité.

Comme je l'ai fait remarquer, c'est dans les choses de l'amour que se montrent le plus cruellement les effets de la déloyauté. L'homme ne voit pas assez combien est égoïste, dans la légitimité naturelle, son penchant vers l'autre sexe. Il lui donne le même nom qu'à l'affection, à l'altruisme, et il ne songe pas que, pour justifier cette analogie, il faudrait précisément introduire dans cette passion les sentiments de bienveillance et de charité.

Dans ce domaine surtout, la franchise serait un élément puissant de moralité. Le jeune homme qui est élevé à la véracité ne s'abandonnera ni à la débauche vulgaire, ni aux aventures galantes ; il répugne à porter le masque qu'impose cette vie légère. S'il se sent entraîné par l'impulsion sensuelle, il recule épouvanté en songeant à l'état d'âme qui résulterait pour lui de la continuelle dissimulation. Ce n'est pas une vulgaire peur, une timidité, qui le retient, c'est l'impossibilité morale de renoncer, à l'âge où il devient homme, à l'idéal de franchise qu'il s'était formé comme adolescent, que l'éducation lui avait inculqué.

Attiré par les charmes d'une jeune fille, il verra d'un coup d'œil la voie que lui trace la franchise. Il évitera, non seulement la séduction, — je l'en tiens pour incapable, — mais ce « flirt » qui peut éveiller chez celle qui lui plaît des espérances, la compromettre, lui laisser l'amertume d'une désillusion. Aussi longtemps qu'il n'est pas en état de fonder une famille, il a garde d'éveiller la passion chez une autre et met la sourdine à la sienne. Par son travail, il cherchera à arriver à une position stable qui lui permettra l'amour, et quand il songe à cet avenir, ce n'est pas sa lascivité qui s'éveille, c'est un rêve de bonheur auquel il s'abandonne ; il veut s'associer à celle qu'il aime, vivre avec elle dans une communauté de pensée, d'aspirations idéales.

Dans le mariage, il est à l'abri des infidélités, non pas qu'il soit insensible à l'attrait d'autres femmes, — il y a dans la sensualité des attirances qu'on ne repousse pas à volonté, — mais parce qu'il aime vraiment et ne peut pas faire de la peine. Il est incapable de dissimulation vis-à-vis d'un indifférent dans les relations mondaines : comment perdrait-il cette franchise dans l'étroite union du mariage ?

Le jeune homme qui suit cette voie droite ne fait pas preuve d'un renoncement héroïque. Ce n'est une lutte qu'au début, à l'âge où éclate l'orage passionnel. Bientôt les idées morales, mises un moment en désarroi, renaissent et s'affirment. Elles deviennent toujours plus claires pour celui qui pense ; elles constituent des digues solides sur lesquelles vient se briser le flux des passions.

Cette franchise est encore le meilleur soutien dans la lutte contre les vices solitaires si répandus parmi les enfants, surtout parmi les garçons, et qui risqueraient de jouer le rôle de dérivatif à l'égard de la passion amoureuse. S'il n'y avait pas eu des théoriciens de ce vice et si l'on ne voyait pas surgir même aujourd'hui des apologistes de vices plus honteux encore, j'aurais pu me dispenser de cette petite digression. L'immoralité a, il est vrai, ses conséquences les plus fâcheuses là où nos actes compromettent les intérêts matériels ou moraux des autres ; il n'y aurait, en effet, pas de morale sociale pour Robinson dans son île. Mais, à mesure que l'homme s'élève par la pensée, il reconnaît la nécessité d'une constante maîtrise de soi-même.

On le voit, la sincérité n'est pas vertu vulgaire, elle ne court pas les rues. Elle est cependant la plus nécessaire de toutes les vertus puisqu'aucune autre ne peut exister sans elle.

BONTÉ

L'ENFANT naît prédisposé à la bienveillance ; il prodigue ses caresses aux hommes, aux animaux, voire même aux choses inanimées. Mais cette bonté n'est qu'une sensualité ; elle exige la réciprocité ou tout au moins la soumission. L'enfant se fâche quand ses jouets ou les animaux domestiques, compagnons de ses jeux, semblent ne pas obéir à toutes ses volontés ; alors, comme chez les félins caressants, la griffe remplace la patte de velours. Si par l'hérédité ou par l'éducation il est impulsif, il frappera et pourra se montrer cruel. Ce germe de bonté native est donc bien frêle ; il ne se développe pas naturellement en une plante vivace, et c'est en somme la guerre sociale qui s'établit sur la base de cette gentillesse tout égoïste, qu'on retrouve chez l'animal aussi bien que chez le petit homme.

Et pourtant, c'est bien là le germe des sentiments altruistes ; de la bienveillance qu'on désire ou réclame naît celle qu'on manifeste à l'égard des autres, mais elle n'en découlerait naturellement que dans une constante réciprocité. Or on ne la trouve pas partout sur son chemin, cette aménité ; aussi faut-il, pour opérer la transformation de l'égoïsme naturel en esprit de solidarité, une culture intense et prolongée. Elle est encore aujourd'hui bien insuffisante, cette éducation morale qui doit faire de l'enfant un être sociable, capable de trouver son propre contentement dans le bien qu'il fait aux autres. L'enfant garde souvent une certaine dureté : « cet âge est sans pitié » ; le jeune homme, emporté par sa fougue et sa présomption, n'est pas toujours juste dans ses jugements, et l'on peut dire que les masses humaines insuffisamment cultivées moralement conservent quelque chose de la mentalité infantile ; rien n'est plus cruel, parfois, que ce qu'on appelle « un bon garçon ».

L'homme sait être bon aussi longtemps qu'il est payé de retour, qu'il recueille la reconnaissance ; il ne l'est plus quand il s'agit de sacrifier momentanément ses propres intérêts, d'obéir à un idéal de bonté. C'est qu'il a, je ne saurais trop le répéter, la vue courte ; il est tout au moment présent, imprévoyant par conséquent. Il ne voit pas tout le bien qui résulterait pour lui-même et pour les autres d'une vie dominée par les sentiments de solidarité. S'il est quelque peu doué, il reconnaît facilement la nécessité de l'entente mutuelle dans le petit cercle de ses proches ; ils sont rares, ceux pour lesquels n'existe aucune amitié, aucune camaraderie ; on retrouve ces sentiments jusque dans les milieux criminels. Mais la plupart des hommes n'ont plus cette vue claire quand il s'agit d'étendre la sympathie à des groupes humains plus étendus, à l'humanité tout entière.

Beaucoup de gens ne se font pas scrupule de voler le fisc par la fraude douanière, les déclarations fallacieuses en matière d'impôt. On reconnaît, il est vrai, les mauvais effets qu'aurait pour la fortune publique et, par conséquent, pour notre propre intérêt cette dissimulation si elle était pratiquée par tout le monde ; mais on s'y croit autorisé par l'exemple des autres. C'est encore une erreur de logique qui nous amène à imiter le mal, au lieu de suivre la voie droite de l'idée morale.

La véritable bonté est plus clairvoyante. Elle ne s'établit que lentement dans l'entendement humain ; elle croît avec l'intelligence morale, avec la maîtrise de soi-même. Elle est l'œuvre de cette pensée méditative qui, analysant les éléments du bonheur, nous le fait rechercher, non pas dans les avantages matériels offerts à nos appétits, comme l'appât à l'imprudent poisson, mais dans la poursuite d'un bien idéal utile aux autres comme à nous-mêmes.

L'idée de la réciprocité nécessaire dans les sentiments que nous devons avoir les uns à l'égard des autres est si naturelle qu'elle n'apparaît plus comme un calcul intéressé; elle a toute la spontanéité d'un sentiment inné, d'un instinct, comme celui qui crée la vie sociale d'une fourmillière. C'est pourquoi je considère comme une des plus simples données de la raison l'idée « qu'il ne faut pas faire aux autres ce qu'on ne voudrait pas qu'on nous fît ». Non seulement nous le savons, nous le comprenons, mais nous le sentons. Cette idée reste claire en soi, alors même qu'elle s'obscurcit par l'intervention d'une foule de représentations mentales en face desquelles l'esprit s'arrête hésitant et se trouble. Il y a une indécision constante dans notre conduite quand nous n'avons pas assez reconnu la nécessité d'un Idéal ou quand nous ne l'avons pas placé assez haut.

L'individu le mieux doué qui fait un retour sur lui-même surprend ces contradictions douloureuses ; il voit toutes les difficultés de la route, et c'est pourquoi il ne s'étonne pas si d'autres, moins favorisés par l'hérédité et l'éducation, s'achoppent à de multiples obstacles. L'indulgence la plus absolue résulte de la franche comparaison des défauts d'autrui avec les siens propres. Si hideuse que lui paraisse parfois la pauvre humanité, il n'oublie pas le lien fraternel qui unit les hommes. Il voit son moi tout petit dans le grand tout, se sent exposé aux mêmes erreurs de pensée, bien que des vues éthiques plus claires l'aient préservé d'écarts graves. Il s'abîme de plus en plus dans ce sentiment de sympathie sociale, dans ce besoin d'harmonie.

Cet état d'âme de bienveillance absolue peut s'allier à toutes les conceptions métaphysiques. La religion, en particulier, a toujours prêché cet amour, et il s'est réalisé dans un ensemble superbe d'œuvres de charité. Mais les hommes n'ont pas compris suffisamment tout ce qu'il y a de saine indulgence, de miséricorde, dans l'œuvre du Nazaréen. Ils ont mis leurs passions dans la balance de leur justice ; ils sont restés durs dans leur jugement sur autrui, tout en gardant, en pharisiens, leur bonne opinion sur eux-mêmes.

La bonté-sentiment n'est pas simple ; elle se compose d'une foule de sensibilités innées et acquises, qui peuvent nous pousser aujourd'hui à la douceur, demain à la dureté ; ces impulsions diverses ne sont pas orientées dans une direction unique. Même quand elles déterminent la conduite altruiste, l'égoïsme n'est pas absent.

Je l'ai dit et je tiens à le répéter, rien ne fonde une bonté rationnelle comme l'idée du déterminisme, non seulement physique, mais moral. Il ne s'agit nullement ici de cette nécessité naturelle, de ce déterminisme tout matériel qui commence avec la nébuleuse primitive des savants et règle tous les mouvements de la matière, ni de l'esclavage déjà mental de l'animal, qui n'obéit qu'à ses instincts. Les réactions de l'homme à toutes les excitations qui l'assiègent ne sont pas de simples réflexes physiologiques; elles sont psychologiques. L'homme pense, il se fait des représentations mentales, d'où naissent les sentiments qui le font agir; il est capable de s'élever à l'idée abstraite. Peu m'importe qu'on explique ces phénomènes en imaginant une âme chevillée à un corps ou qu'on admette que la pensée naisse directement du travail cérébral. Cette pensée humaine est un fait; il n'y a pas d'homme qui n'ait jamais conçu quelque idée morale, si fruste soit-elle, pas d'homme qui n'ait obéi une fois ou l'autre à une idée-force; c'est dès la naissance que se développent les représentations mentales créatrices de désirs et, par conséquent, d'actes. Il y a en nous un fond moral embryonnaire, en vertu même des influences ancestrales; mais il ne se développe au point de devenir utile que par les influences éducatives.

On surprend ici une inégalité sociale plus amère que celle qui fait les riches et les pauvres, les bien portants et les malades: c'est celle qui crée ce qu'on appelle « les bons et les mauvais ». Elle est terrible, cette injustice, dans la répartition de l'intelligence morale; elle plonge dans un abîme de douleur et ceux qu'elle conduit au crime et ceux qui en pâtissent; elle serait cruauté si elle devait entraîner pour ces déshérités des peines éternelles. Je ne puis, pour ma part, concevoir l'enfer, surtout pas dans l'idée d'un Dieu de bonté, et je fus touché quand on me relata le mot d'un brave prêtre qu'un de ses paroissiens questionnait avec inquiétude sur l'enfer : « L'enfer, dit-il, oui, oui, il y en a un, mais, ajouta-t-il en lui parlant à l'oreille, il n'y a jamais personne. »

Quoi qu'il en soit, nous ne savons rien de positif sur cet au-delà, et les croyants peuvent laisser agir la Providence comme elle l'entendra ; elle ne peut pas se tromper. Ce qui est odieux, c'est notre sévérité dans ce monde, cette criante injustice qui consiste à considérer les hommes comme également doués d'une même conscience et, par conséquent, comme coupables quand ils n'arrivent pas au but en même temps que les autres; c'est comme si on classait des coureurs d'après l'heure de leur arrivée alors qu'on les aurait fait partir de différents points de la piste.

Les hommes sont toujours, au moment où nous les observons, ce qu'ils peuvent être; pardonnons-leur et fournissons-leur les moyens d'arriver au but avec plus de chances de succès.

J'ai montré que cette vue engendre d'emblée la tolérance, l'indulgence bienfaisante, le respect de la personnalité humaine. Ce jugement charitable à l'égard des autres n'encourage nullement le laisser-aller, le pardon ne s'adressant qu'à l'irrévocable passé. Il n'empêche ni le regret ni le remords, puisque nous reconnaissons, à nos propres dépens, l'erreur commise; il ne nous pousse pas au mal, puisque la faute elle-même est précisément l'occasion du relèvement moral.

Cette bonté n'est pas seulement la source des sentiments directement altruistes qui doivent régler nos rapports avec les autres, mais elle colore de son rayonnement les vertus qui semblent privées, comme l'humilité, la modération du désir, la vaillance. Dans cet esprit, on ne les envisage plus au seul point de vue de l'utilité personnelle; on voit d'un coup leur valeur pour le bien de tous.

C'est qu'il n'y a pas de vertu proprement dite pour l'homme supposé seul dans ce monde; elle ne commence qu'avec la sociabilité. Toutes nos qualités ont leur répercussion sur le bonheur de nos semblables; ils en jouissent, comme nous jouissons des leurs. L'idée de solidarité est à la base de toutes nos aspirations vers le bien.

Les études des psychiâtres et des neurologiste sont donné une importance capitale à l'hérédité; elles nous ont dévoilé les tares mentales qui résultent de la dégénérescence dans les familles et dans les races. Il faudrait être aveugle pour ne pas reconnaître l'influence de l'hérédité sur nos malformations physiques, intellectuelles et morales. Le médecin, comme le prêtre et l'éducateur, comme les pauvres parents directement frappés, assiste journellement à ces tragédies familiales causées par le développement dans la descendance des défauts mentaux des ascendants.

Ici, c'est l'épilepsie s'emparant, souvent à jamais, d'un enfant qui paraissait normal jusqu'alors; elle ne trouble pas seulement sa carrière d'homme par la répétition de ces crises convulsives effrayantes, elle diminue son intelligence, elle l'abêtit souvent moralement dans un égoïsme pathologique, en fait une brute à face humaine.

Là, c'est la démence précoce qui saisit la jeune fille dans la période de son développement, alors que les parents voyaient avec joie croître cette âme aimante, cette intelligence ouverte; elle devient la proie d'obsessions, d'idées délirantes, d'hallucinations; elle est souvent exposée à passer le reste de ses jours loin du milieu familial, auquel elle reste attachée.

Aujourd'hui, c'est un savant, un vaillant, joignant les qualités du cœur à l'intelligence, qui voit sombrer son fils dans ces états neurasthéniques graves paralysant l'activité et compromettant l'avenir matériel et moral de celui dans lequel le père voyait avec joie un continuateur.

Demain, c'est une jeune fille, élevée dans un milieu cultivé et moral, qui, en vertu d'influences ancestrales peut-être difficiles à établir, tombe dans des états d'amoralité pathologiques lui faisant perdre toute pudeur ; pendant toute sa vie, il faudra exercer une surveillance sur cet être privé de certains concepts moraux.

Et dans les familles qui paraissent épargnées aux yeux d'un observateur superficiel, on surprend encore les effets désastreux de l'hérédité, de l'atavisme, les déformations physiques créant de véritables infériorités, les insuffisances intellectuelles et, ce qui est plus douloureux encore, les tares morales qui orientent ces malades, si on peut les appeler ainsi, sur la voie du mal. Il n'est pas de famille où l'on ne puisse surprendre ces imperfections de toute nature, et il faut être heureux quand elles ne mènent pas aux catastrophes que nous constatons journellement autour de nous.

Oui, c'est un joug terrible que cette hérédité, et on ne peut pas même se révolter contre elle, tant elle est naturelle, nécessaire. Sommes-nous étonnés de constater l'hérédité dans la vie des plantes et des animaux? Comment pourrait-il se faire que l'homme ne transmît à ses descendants que ses qualités?

L'observateur égoïste, surtout quand il en est exempt, note froidement ces imperfections ; c'est en ricanant qu'il regarde agir cette humanité boiteuse. Les personnes sensibles et trop émotives souffrent cruellement de ces inégalités, mais restent passives. La Bonté n'a ni cette cruauté ni cette faiblesse. Elle suscite les courageuses initiatives et incite ceux qui ont charge d'âmes à tenter le redressement de ces mentalités faussées, comme un jardinier habile sait attacher à l'espalier les branches récalcitrantes. Et souvent elle est victorieuse, cette vertu, qui ne connaît pas le découragement.

On a exagéré l'influence de l'hérédité ; on l'a trop crue inéluctable, et on n'a pas vu assez nettement qu'elle trouve un puissant antidote dans l'éducation.

Sans doute, il n'est pas possible de changer du tout au tout une personnalité ; on ne la remet pas au moule. Il faut savoir se contenter de la correction des défauts les plus saillants, de ceux qui compromettent l'avenir de l'individu et l'empêchent de remplir sa tâche sociale.

Les tares physiques restent le plus souvent ; on ne refait pas son ossature, ni même, à partir de l'âge adulte, sa musculature ; il faut prendre son parti de ses difformités petites et grandes, de ses inaptitudes physiques.

L'intelligence, par contre, est plus malléable. Elle se cultive constamment ; il n'est pas jusqu'à l'idiot qui ne subisse cette orthopédie spirituelle. Sans doute, il n'est pas donné à tout le monde de s'élever dans les hautes régions de la pensée, et là encore nous devons reconnaître notre faiblesse sans amour-propre. Mais il est un domaine où la culture trouve un vaste champ d'activité, un terrain tout préparé : c'est celui de *l'intelligence morale*. Ce savoir, — l'intellectualisme grec considérait avec raison la vertu comme un « savoir », — ne s'élève pas sur un échafaudage de connaissances scientifiques, sur une culture livresque accessible seulement aux privilégiés ; il se base sur le bon sens, et ce bon sens se cultive, s'accroît à mesure qu'on l'emploie. On le retrouve chez les êtres qui paraissent les plus disgraciés ; mais il faut le rechercher, le faire naître, pour ainsi dire, et c'est toujours la Bonté qui sait mettre à nu ces qualités cachées. Elle rend les gens intelligents, à force de les considérer comme tels ; elle les fait bons ; elle leur rend la confiance en eux-mêmes, la conviction du pouvoir.

Pour arriver à ce relèvement, il faut oublier bien vite le passé défectueux ; on repousse celui qu'on voudrait soutenir quand on tourne vers lui les aspérités du reproche. Il faut, au contraire, lui faire crédit de confiance et lui indiquer qu'il peut bien faire, qu'il peut obéir à des impulsions raisonnables quand il en a reconnu la justesse.

C'est une œuvre d'amour, qui n'est possible que dans cette sympathie engendrant toutes les autres vertus, si bien qu'on a pu dire : Il n'y a qu'une vertu, c'est la Bonté.

IDÉALISME

Quand j'étais gamin, je surpris des conversations de « messieurs » et j'appris qu'il y avait deux classes parmi les hommes : les « conservateurs », accaparant les richesses et les honneurs, égoïstes dans leur honorabilité pharisaïque, ennemis de tout progrès, et les « radicaux », natures franches et loyales, luttant contre toutes les tyrannies, pionniers du progrès dans tous les domaines. — Je revins de ce jugement, car je n'eus pas de peine à voir que ces « rouges » n'avaient pas le monopole de toutes les vertus civiques et privées, et les relations que j'eus avec ces terribles conservateurs me montrèrent qu'ils n'étaient pas plus mauvais que les autres. Je trouvai parmi ces derniers des âmes très nobles, des esprits très libéraux, accessibles à toutes les idées généreuses, et j'en conclus qu'il ne fallait pas attacher grande importance aux étiquettes.

Plus tard, comme jeune homme, j'entendis parler de nouvelles distinctions. Le monde me parut divisé en deux camps : les « spiritualistes », généralement croyants, gardiens de l'Idéal, paladins de vertu, et les « matérialistes », grossiers personnages, qui ne songent qu'aux jouissances matérielles. On consentait, il est vrai, à faire une différence entre les matérialistes de mœurs et les savants positivistes qui, inconséquents disait-on, alliaient une vie digne à leurs théories subversives. J'entendais citer avec une terreur mélangée cependant d'une pointe de respect les noms d'Auguste Comte, de Littré, de Stuart Mill, ceux de Büchner, de Moleschott et de Carl Vogt.

Là encore, je dus effacer bien vite les étiquettes fallacieuses et juger les individus sans me soucier de ces distinctions. D'une part, je ne tardai pas à voir combien inefficace reste ce spiritualisme chez la plupart de ceux qui s'en font les défenseurs ; d'autre part, je constatai que des savants positivistes, monistes matérialistes, savaient tenir haut le drapeau de l'Idéal moral et y conformer leur vie.

Il n'y a pas de plus vaine querelle que celle toujours renaissante des « spiritualistes » et des « matérialistes », des « dualistes » et des « monistes ». Elle a aussi peu d'importance pour nous que le combat des Horaces et des Curiaces.

Expliquons-nous.

Si nous étudions l'homme sans parti pris, tant par l'examen objectif des autres que par l'introspection, nous constatons chez lui l'existence d'un corps analogue à celui de l'animal, une substance matérielle, que nous pouvons toucher, soumettre à l'analyse anatomique et chimique. Il est composé d'innombrables cellules, toujours plus différenciées à mesure que nous nous élevons dans la série animale. Chacune de ces cellules vit, ce qui veut dire qu'elle réagit sous l'influence d'excitants naturels, tels que la lumière, le son, les substances sapides et odorantes, les excitations mécaniques ; ces excitants naturels peuvent tous être remplacés par les excitants artificiels, surtout par l'électricité, capable, sous les formes les plus diverses, de mettre en activité nos divers organes. Le muscle, qui se contracte normalement sous l'influence de ce qu'on appelle communément la volonté, réagit également au choc, à l'excitation électrique ou chimique. Rien de plus matériel que toutes ces réactions cellulaires, cette transmission de vibrations d'organe à organe par la voie des nerfs ; on en a pu calculer la vitesse, comme s'il s'agissait d'un simple flux électrique ou du courant d'une rivière : elle est d'environ trente mètres à la seconde.

Cette physiologie est commune à tous les êtres animés, depuis l'infime protozoaire jusqu'à l'homme ; elle se relie sans transition aux phénomènes de sensibilité et de contractibilité des plantes.

Jusqu'ici tout le monde est nécessairement matérialiste

et reconnaît dans tous ces phénomènes une réaction de la matière, quoique nous ne saisissions pas encore toutes les conditions qui donnent à la cellule la faculté de réagir aux excitants divers; nous les pressentons cependant d'ordre mécanique, comme celles qui produisent les compositions et décompositions chimiques.

Mais, au milieu de cette vie matérielle, nous surprenons chez l'homme, et même chez l'animal, toute une série de phénomènes moins accessibles à l'analyse. Nous voilà contraints de poser le scalpel, d'abandonner les appareils physiologiques destinés à provoquer la réaction, à mesurer l'excitant ou l'effet produit. Nous pouvons encore remplacer la volonté, considérée comme agent provocateur de la contraction musculaire, par un courant électrique; mais nous sommes incapables de faire naître par ces excitations artificielles *une idée, un sentiment*. Nous sommes ici dans le domaine de la psychologie.

La science appelée « psychologie physiologique » a tenté d'appliquer à l'étude de ces phénomènes mentaux les procédés de recherches de la physiologie ; elle a réussi à pratiquer certaines mesures, à établir quelques lois encore bien incertaines ; elle a surtout cherché, par la voie statistique, à fixer les lois de l'association des idées dans des situations simples, reproduites dans des conditions expérimentales. Mais il y a un abîme entre cette psychologie des laboratoires et celle qui est mise en jeu dans la plus banale conversation. Si loin que puisse conduire cette psychologie scientifique, objective, nous recourrons toujours encore à l'introspection, à cette analyse de nous-mêmes, sujette à erreur, évidemment, mais nécessaire.

Dans ses *Mélanges philosophiques*, M. d'Hulst écrit : « J'appellerai *âme ce qui pense en moi* », et il ajoute : « Qu'il soit matérialiste, ou idéaliste, ou positiviste, aucun philosophe ne pourra me contester ce sens. »

Parfaitement, mais cette pensée n'est encore, comme j'espère l'avoir montré, qu'une réaction à des excitations extérieures au moi pensant et sentant. Il est vrai que c'est une réaction particulière, qui échappe à nos moyens physiologiques d'investigation. On en a conclu qu'il y a une irréductibilité définitive entre les phénomènes de conscience et le travail cérébral qui les accompagne toujours ; c'est couper court à toute recherche par une affirmation sans preuve.

En effet, nous n'avons pas encore des vues nettes sur le nexus qui unit cette âme, définie comme le fait notre prélat philosophe, au corps matériel, que nous connaissons mieux. Mais on va trop loin quand on l'appelle « substance immatérielle », quand on réclame cette âme pour l'homme et la veut immortelle, tandis que le corps retourne à la poussière.

On la considère comme noble, alors que le corps serait bas ; on crie au scandale quand on ose émettre l'hypothèse que ces phénomènes psychiques pourraient bien n'être que la réaction spéciale de certaines cellules organisées pour cette vie mentale, les cellules du cerveau.

On oublie que l'animal aussi a une âme, qu'il se passe chez lui une série de phénomènes mentaux tout aussi irréductibles, pour nos connaissances actuelles, aux lois de la physiologie matérielle. A ce point de vue, il serait juste de réclamer aussi pour lui, dans une certaine mesure, l'immortalité de cette « substance immatérielle » pensante.

L'animal pense, il aime, il souffre. Oh, je sais bien toute la distance qui sépare la mentalité de la bête de la vie spirituelle de l'homme. L'animal réagit plus simplement, obéit aux impulsions de la sensibilité, à ses instincts ; il vit selon la nature et y réussit mieux que nous. Ce n'est que chez l'homme qu'on trouve développée la conscience de ce qui se passe en lui, la faculté de réagir, non pas à de simples excitations physiologiques, mais à des représentations mentales. Lui seul est capable de s'analyser, de s'observer intérieurement, de s'élever à l'idée abstraite ; lui seul obéit à des lois morales, qu'il adopte quand il a su voir les avantages que présente la vertu pour son bonheur.

A mon sens, si l'on veut être spiritualiste, il faut étendre ce dualisme du corps et de l'esprit à toute la série animale, ou au moins aux animaux supérieurs chez lesquels nous voyons apparaître des éléments de logique, une certaine raison, des sentiments. Si fruste soit-elle, c'est une vie psychique que nous surprenons chez eux, et il est aussi étonnant de voir penser un chien qu'un homme, la pensée étant précisément ce que nous trouvons irréductible.

Les croyants, qui attribuent la création à un Dieu personnel tout-puissant, me semblent un peu outrecuidants en limitant sa puissance. Ils professent que ce Dieu n'a pu construire la merveille humaine qu'en associant deux éléments hétérogènes : l'âme et le corps. Ils lui refusent donc un pouvoir : celui de faire sortir l'inconnue que nous appelons *la pensée* du fonctionnement des organes construits pour cela ; j'aurais plus de confiance dans son omnipotence. Ils se permettent aussi une critique, qui me paraît déplacée vis-à-vis d'une Providence, en méprisant le corps, en le considérant comme inférieur, en donnant toute la suprématie à cette abstraction qu'on appelle *l'âme*.

Le biologiste envisage les choses d'une tout autre façon. Pour lui, l'homme est un ; il est un organisme matériel. Les cellules dont il est composé ont leur rôle spécial ; les unes se contractent, les autres sécrètent. Les nerfs transmettent cette vibration encore inconnue dans son essence appelée l'onde nerveuse. Le cerveau est l'organe de la pensée. Il reçoit de l'extérieur et de l'intérieur les excitations multiples. Celles-ci se transforment, sans que nous sachions comment, en images mentales. Nous les associons en même temps que nous les percevons par cette vue intérieure qu'est la conscience de nous-mêmes. C'est là un phénomène encore inexplicable, quoique certain, qui différencie, non seulement l'homme, mais l'animal d'une simple machine.

Taine et Carl Vogt ont employé des images bien grossières et fausses en disant, l'un : « L'âme est un produit comme le sucre ou le vitriol », l'autre : « Le cerveau sécrète la pensée comme le foie sécrète la bile. »

Au bout des réactions chimiques, nous trouvons les produits matériels du sucre et du vitriol, tandis que la pensée est pour ainsi dire le fonctionnement devenu conscient ; une machine qui se rendrait compte du produit qu'elle distille aurait une *âme*. Le foie n'a pas conscience de sa sécrétion ; il fait œuvre de pure chimie.

La difficulté que nous avons à concevoir la pensée, à en comprendre le mécanisme ou l'essence, est-elle une raison d'admettre deux substances foncièrement distinctes : l'une, matérielle et périssable, l'autre, immatérielle et immortelle ? — Je ne le pense pas, et en tous cas, ce ne serait qu'une hypothèse.

Spiritualisme et matérialisme, ou comme on dit aujourd'hui, dualisme et monisme, ne sont que des tentatives humaines pour expliquer le fait de la pensée. En face de l'inconnu, toutes les suppositions sont permises, et il faut des deux côtés renoncer à se convaincre mutuellement d'erreur.

Si la conception du monisme matérialiste est repoussée par l'Église officielle comme contraire à ses dogmes, elle partage ce malheur avec bien d'autres idées, anciennes et modernes, qui continuent à vivre. Elle n'est, du reste, aucunement incompatible avec une croyance monothéiste. Certains apôtres ont envisagé l'homme dans son unité et ont cru à la résurrection des corps.

Il n'y a pas entre le dualisme et le monisme cette radicale antinomie qu'on persiste à établir et qui fait de leurs partisans des frères ennemis. Ce ne sont pas des doctrines pour lesquelles il faille prendre parti ; ce ne sont que des essais d'interprétation de phénomènes, que nous constatons tous, sans pouvoir dévoiler le secret de leur existence.

En face du troublant problème de la vie, nous nous formons des opinions ; elles varient suivant les têtes, surtout selon l'éducation reçue dans l'enfance et les études que nous avons poursuivies. Gardons-nous de les décorer du nom de « vérités » ; il ne s'agit que d'hypothèses, et nous pourrions terminer ces discussions, que l'homme trouve toujours intéressantes, par cet aveu : Au fond, nous n'en savons rien ni les unsni les autres.

Saint Paul a dit : « La circoncision n'est rien ; l'incirconcision n'est rien ; ce qui est tout, c'est de garder les commandements de Dieu. » On pourrait dire également : « Le spiritualisme n'est rien ; le matérialisme n'est rien ; ce qui est tout, c'est de vivre dignement sa vie, en travaillant au bonheur de tous. »

Dans les périodes heureuses de notre existence, quand nous avons la jeunesse, la santé, nous sommes insouciants de ces questions ; les oppositions s'effacent, et l'on pourrait dire : « Ni croyants, ni libres penseurs, tous heureux. » Mais tout change en face de l'adversité, de la souffrance et de la mort. Alors l'homme sent sa faiblesse ; il tremble et, comme le naufragé, cherche une planche de salut.

Où trouve-t-il cet appui sauveur? — Toujours dans des *conceptions* destinées à relever son courage, à le pousser à la lutte avec une saine confiance dans le succès. L'homme n'est jamais soutenu dans cette lutte toute spirituelle que par une *idée*. Où la puise-t-il? — Dans sa mentalité innée et acquise. J'ai montré qu'elle est le produit de l'éducation, agissant sur des individus diversement doués.

Il y a des âmes douces, aimantes et, oserais-je le dire,

un peu timorées qui s'effraient de la petitesse de l'homme au milieu de l'univers. Elles sont comme l'enfant qui, dans la forêt aux mille dangers, cherche anxieusement la main de son père. Élevés dès l'âge le plus tendre dans des convictions religieuses, ces croyants mettent toute leur espérance dans la protection divine sur cette terre et dans les promesses d'une vie future. Leur conduite, en tant qu'ils sont sincères, est une obéissance joyeuse aux ordres d'un Père qui veille constamment sur eux. Ils se sentent en sécurité dans ses mains et se consolent des malheurs présents par l'espoir des compensations éternelles.

Quand cette foi de charbonnier s'empare de l'âme de personnes peu développées au point de vue intellectuel, elle aboutit facilement à la superstition, à une religiosité de surface ne se manifestant que par les pratiques cultuelles et créant l'intolérance. Les femmes, dont l'esprit est, ou moins apte au raisonnement, ou moins éduqué à la logique, tombent plus facilement dans ce défaut. Dans d'autres âmes, — elles ne sont pas légion, — la religion fait naître un vrai stoïcisme chrétien, qui permet d'accepter comme don de Dieu et le bonheur et la souffrance. Cette croyance est alors une force, comme tout drapeau pour lequel on s'enthousiasme.

Il faut reconnaître aussi que de très grands esprits, exercés au travail scientifique, capables de s'élever jusqu'aux sommets de la pensée philosophique, sont restés attachés à des convictions religieuses ou y sont revenus après les avoir abandonnées, et l'on se plaît à répéter la phrase de l'un d'eux : « Un peu de science éloigne de la religion, beaucoup de science y ramène. »

C'est rarement à la religion officielle, avec tous ses dogmatismes, que conduit ce revirement mental de savants ayant jeté leur gourme juvénile de scepticisme, c'est à un déisme plus ou moins précis, allant du monothéisme au panthéisme le plus vague. Chez les moralistes de l'école d'Emerson, le mot Dieu revient à chaque page, mais il pourrait être remplacé par celui de Nature.

Je comprends qu'en face de cette merveille de l'univers on cherche une cause, on admette un auteur de toutes choses, on s'incline devant lui et devant l'Idéal de vertu qu'il exige de ses créatures. De là à lui rendre un culte, il n'y a qu'un pas, quoique ce besoin de manifester me paraisse être un fétichisme ; plus l'homme est capable de vivre d'une vie de l'esprit, plus il s'élève à l'idée pure et se sent guidé par elle, sans avoir besoin de démonstrations extérieures. Le patriotisme éclairé n'a pas besoin d'un drapeau matériel, des bruyantes manifestations populaires ; il est au fond de l'âme, prêt à déclencher toutes les énergies. Les foules, qui pensent moins, restent plus simplement suggestibles ; c'est avec la musique et le tambour qu'on les fait marcher ; elles cèdent à l'entraînement du tribun. L'inconvénient n'est pas grave quand la direction est bonne ; mais cette passivité mentale peut égarer aussi.

Il est évident qu'une religion de l'esprit, entretenant un continuel effort de bien vivre, donne une force immense, et l'on aimerait à voir des effets plus réels chez des individus qui se disent religieux. Il est impossible d'opposer aux croyances des arguments convaincants. Il y a trop d'inconnues dans la vie pour qu'on puisse dire à ces libres croyants : « Vous vous trompez. » Force est de s'incliner devant une conviction sincère et efficace.

Mais il est des esprits que hante le besoin de logique et qui ne peuvent mettre le cachet de la réalité sur ce qu'ils considèrent comme des hypothèses. Ils sont frappés avant tout de l'insolubilité du problème, de l'impossibilité pour l'homme de saisir les causes premières dans cet univers, où il ne surprend que réactions. Ils ne peuvent accepter d'autres hommes, si dignes de confiance qu'ils puissent être, les solutions toutes faites, l'échafaudage des révélations, les arguments métaphysiques de la scolastique. Ils conservent vis-à-vis de ces opinions qui manquent de preuves un incurable scepticisme ; il serait bien difficile de prouver qu'ils ont tort.

Nous sommes dans ce monde privés de données certaines sur le mystère de notre existence. Nous ne savons, rationnellement, ni d'où nous venons ni où nous allons. Le seul fait certain, c'est que nous existons, — en dépit des philosophes qui n'en sont pas très sûrs, — que nous habitons, nous autres humains, une planète toujours en mouvement au milieu de mondes plus grands encore. N'est-ce pas une situation analogue à celle de soldats en campagne sur une terre étrangère, ne sachant ni le but de l'expédition ni comment elle se terminera? Les vaisseaux qui les ont amenés sont repartis. Qu'ont-ils à faire? — Rien qu'à veiller au succès de la campagne, à se tirer d'affaire le mieux possible. D'abord, ils rechercheront leur bien-être matériel, en s'abritant des intempéries et en s'assurant leur nourriture. Déjà dans cette existence, qui paraît terre à terre, il y a place pour les sentiments altruistes; on travaille pour les camarades, pour le régiment. On sent très bien qu'en se cantonnant dans l'égoïsme, on exciterait celui des autres, et ce serait la débandade en face de l'ennemi.

Il s'établit naturellement entre ces hommes un lien de solidarité. On a dit de la guerre qu'elle était désirable, malgré ses horreurs, parce qu'elle est occasion de sacrifice. En effet, le soldat, dans ces heures de lutte, n'obéit pas aux vulgaires suggestions de l'intérêt matériel; il songe aux autres, à ses compagnons, à son pays, vis-à-vis duquel il se sent des devoirs. Il obéit à la compassion pour les souffrances des autres, dans un élan spontané, sans analyser consciemment l'idée que la réciprocité est nécessairement à la base des sentiments charitables. Il faut, hélas, la douleur pour les faire naître ; Rousseau avait raison en ne ménageant pas la souffrance à son Émile et en disant : « L'homme qui ne connaîtrait pas la douleur ne connaîtrait ni l'attendrissement de l'humanité ni la douceur de la commisération ; son cœur ne serait ému de rien ; il ne serait pas sociable, il serait un monstre parmi ses semblables. »

Dans cet altruisme fondé sur des données logiques si simples qu'il apparaît comme spontané, le soldat fera son devoir aussi complètement que s'il connaissait les raisons diplomatiques qui ont engagé son gouvernement à entreprendre la campagne ou s'il en connaissait par avance l'issue. Peu lui chaut la connaissance des intentions suprêmes ; sa tâche est plus modeste : il n'a qu'à se bien conduire.

Il en est de même du penseur que l'observation du monde amène à l'agnosticisme et qui renonce à agiter des questions lui paraissant d'emblée insolubles. Lui non plus ne s'inquiète ni du commencement ni de la fin. Il n'a qu'à faire son devoir en ce monde, c'est-à-dire à rechercher son bonheur et celui des autres.

J'ai essayé de montrer comment les sentiments altruistes naissent de représentations mentales rationnelles et nous amènent à trouver un guide dans un Idéal moral.

Voilà le spiritualisme efficace qu'il nous faudrait ; pour éviter toute confusion, je l'appellerai *idéalisme*. Il importe peu que nos opinions diffèrent sur des sujets insondables de métaphysique, que nous nous expliquions, par des théories dualistes ou monistes, des phénomènes dont l'essence nous échappe ; l'important est que nous cherchions le bonheur dans la réalisation de notre Idéal.

Cet Idéal reste le même, qu'il soit octroyé comme guide d'En-haut, par une Providence qui nous aurait créés et veillerait sur notre sort, ou que nous édifiions ce code par les forces de la pensée pure ; l'essentiel est de lui rester fidèle.

C'est pourquoi je trouve vaines ces éternelles querelles aussi vieilles que la philosophie. Que les hommes deviennent toujours moins matérialistes dans leurs mœurs, toujours plus moraux, idéalistes, qu'ils croient à l'âme, non plus comme à une substance immatérielle, mais comme à une propriété de notre être lui permettant de concevoir le Bien, le Beau et le Vrai !

Ceux qui, par suite de tares héréditaires et des conditions de leur éducation, ne peuvent s'élever à cette moralité créent le malheur pour eux-mêmes et le sèment, hélas, autour d'eux. D'autres, qui ont la chance d'être mieux doués, s'éprennent d'un amour croissant pour ces idées directrices et, dans la mesure où ils peuvent s'approcher de cet Idéal, font le bonheur des autres en même temps que le leur.

Méditons ces belles paroles de Dora Melegari : « L'ancienne psychologie avait une façon dogmatique de diviser les hommes en bons et mauvais, sages et fous, forts et faibles, purs et impurs, athées et croyants ; elle avait trop de nuances ou trop peu ! Ne serait-il pas plus pratique et plus vrai de les partager désormais en deux nouvelles catégories correspondant aux tendances vers lesquelles s'oriente l'avenir : *Faiseurs de peines* et *faiseurs de joies ?* »

Travaillons tous à augmenter le nombre de ces derniers. Il n'y a qu'un moyen pour cela : *l'éducation de soi-même.*

TABLE DES MATIÈRES

CHARTRES. — IMPRIMERIE DURAND, RUE FULBERT.

www.ingramcontent.com/pod-product-compliance
Ingram Content Group UK Ltd.
Pitfield, Milton Keynes, MK11 3LW, UK
UKHW012019240726
13965UKWH00002B/451